创新型大学生素质教育教材

大学生职业素养

DAXUESHENG ZHIYE SUYANG

龚韵枝　周希林　梁雯　主编

中国言实出版社

图书在版编目（CIP）数据

大学生职业素养 / 龚韵枝, 周希林, 梁雯主编. --

北京 ：中国言实出版社, 2023.7

ISBN 978-7-5171-4469-4

Ⅰ. ①大… Ⅱ. ①龚… ②周… ③梁… Ⅲ. ①大学生

－职业选择 Ⅳ. ①G647.38

中国国家版本馆CIP数据核字（2023）第085457号

大学生职业素养

责任编辑：佟贵兆
责任校对：史会美

出版发行：中国言实出版社

　　　　　地　址：北京市朝阳区北苑路180号加利大厦5号楼105室
　　　　　邮　编：100101
　　　　　编辑部：北京市海淀区花园路6号院B座6层
　　　　　邮　编：100088
　　　　　电　话：010-64924853（总编室）　010-64924716（发行部）
　　　　　网　址：www.zgyscbs.cn　电子邮箱：zgyscbs@263.net

经　　销：新华书店
印　　刷：北京谊兴印刷有限公司
版　　次：2023年7月第1版　　2023年7月第1次印刷
规　　格：787毫米×1092毫米　1/16　11.75印张
字　　数：271千字

定　　价：45.00元
书　　号：ISBN 978-7-5171-4469-4

本书编委会

主　编　龚韵枝　周希林　梁　雯

副主编　田兴政　陶婷婷　钱　旺

　　　　（排名不分先后）

参　编　彭　静　柴　波　孙美英

前 言

PREFACE

随着时代的发展和社会的进步，大学生需要具备全面的职业素养才能在面临激烈的人才竞争时做到游刃有余。对大学生而言，从入学伊始即接受职业素养教育，围绕着个人生涯发展自觉培养自身的职业素养是时代和社会发展的要求。

在激烈的竞争环境中，拥有良好的职业素养成为大学生立足于职场的关键。基于此，我们组织编写了这本《大学生职业素养》。本书以实用性为导向，内容紧密围绕着"如何帮助大学生提高职业素养"展开。全书内容分为绪论、职业道德篇、职业意识篇、职业行为习惯篇和职业技能篇五个部分，旨在让大学生更加全面地认识到职业素养对于个人生涯发展的重要性，并以此为基础，积极从职业道德、职业意识、职业行为习惯和职业技能等方面提升自我，为未来进入职场和提升职业竞争力做好充分准备。

具体来讲，本书具有以下特色。

一、立德树人，润物无声

党的二十大报告指出："育人的根本在于立德。全面贯彻党的教育方针，落实立德树人根本任务，培养德智体美劳全面发展的社会主义建设者和接班人。"本书以培养学生正确的世界观、人生观和价值观为己任，将中华优秀传统文化的精神内涵与文化自信、创新意识、人文精神等德育元素有机地融入了教材中。

例如，设置"榜样人物"版块，选取了大量积极向上的案例和先进人物事迹，使学生在学习的同时能够更深刻地认识到培养诚信、敬业等职业素养的重要性；全面、细致地介绍了职业素养的相关知识和技能，强调精益求精的工匠精神，引导学生主动培养自身良好

的职业行为习惯。

二、校企合作，职业引领

本书的编写是在一线双师型教师的指导与支持下进行的，其体例设计充分考虑了教学大纲要求、教师教学需求和学生的实际水平，内容紧密围绕教学实际"量身定做"，着重提升了全书内容的实用性和针对性。

三、理念创新，盘活课堂

本书切实践行"以学生为主体，以教师为主导，以能力为根本"的教育理念，在教材内容的编排上，坚持以学生为中心，设计了形式丰富多样的实践活动，如演讲比赛、自我测试、小组活动、情景模拟、人物访谈等，让学生通过"学中做，做中学"的学习方式掌握知识要点，提升职业素养。

四、与时俱进，案例典型

本书出陈易新，尽量从多维视角分析理论知识，以便学生真正掌握每个知识点。同时，为了强化教材的实用性，本书的重要知识点都配有新颖而典型的案例，并力求每个案例都能与知识讲解、实践活动完美结合。这样既有助于学生理解和掌握学习要点，也有助于教师更好地推进教学工作。

五、巧设模块，锻造精品

本书模块丰富多样，除正文内容外，每个模块都设置了"学习清单""典型案例""探索与训练"三个部分。其中，"学习清单"可以帮助学生明确学习要点；"典型案例"引出各模块的学习内容；"探索与训练"主要通过各种实践活动检验和巩固学生的学习成果。

此外，本书的正文中还穿插了"视野纵横""课堂活动""榜样人物""哲思寓理"等板块，不仅能够帮助学生更好地理解和掌握相关知识，同时也增强了本书的趣味性、指导性和实用性。

六、资源丰富，科技赋能

本书将"互联网+"思维融入教材，读者可以借助手机或其他移动设备扫描二维码观看微课视频，从而更加直观地认识职业素养，并增强学习的自主性与趣味性。此外，本书还配有优质课件、综合教育平台等配套教学资源，读者可以登录文旌综合教育平台"文旌课堂"查看和下载。

本书由王孝斌担任主审，龚韵枝、周希林、梁雯担任主编，田兴政、陶婷婷、钱旺担任副主编，彭静、柴波、孙美英参与编写。本书在编写过程中，编者参考了大量的资料，在此向文献资料的作者表示衷心的感谢！由于部分资料来自网络，我们无法联系到原作者。对此，我们深表歉意，并欢迎原作者随时与我们联系，我们将按规定支付酬劳。由于编者水平有限，不当之处，敬请广大读者批评指正。

编者

2023 年 7 月 28 日

🔍 | **本书配套资源下载网址和联系方式**

🌐 网址：https://www.wenjingketang.com

📞 电话：4001179835

✉ 邮箱：book@wenjingketang.com

教·学
资 源

目 录

CONTENTS

职业活动是个体社会生活的重要组成部分。每一个怀揣梦想的大学生都有自己的职业追求，都想获得一份满意的工作，取得事业上的成功，从而实现自己的人生价值。而要想在职场中获得成功，个人的职业素养起着关键性作用。

个体在工作中展现的职业素养，以其知识、技能、价值观、态度、意志等为基础。良好的职业素养既是每个组织对员工的基本要求，也是个体事业成功的基础。缺乏职业素养，可能会使人一生碌碌无为，与成功无缘，而具备良好的职业素养，会使人少走很多弯路，以最快的速度通向成功。

绪论

职业素养，成就未来

每完成一项学习任务，就在对应的方框中打钩。

任务进程	序号	任务内容	是否完成
课前预习	1	采访 3 位本校的优秀毕业生，了解他们的成才历程，并做好记录	☐
	2	搜集并观看《大国工匠》专题片，了解大国工匠的感人事迹，感悟高技能人才追求卓越的优良品质	☐
	3	查找招聘网站上对口的岗位招聘信息，了解企业对应聘人员的职业素养有哪些要求	☐
	4	根据自己所选择的职业方向，列出自己需要具备的职业素养	☐
课中学习	5	阅读"典型案例"中的案例，并回答案例后的思考题	☐
	6	正确认识职业素养的内涵，了解职业素养的基本内容	☐
	7	理解提升职业素养的意义	☐
课后复习	8	根据自己的实际情况制订一份可行的职业素养提升计划	☐

典型案例

提升职业素养，创造理想人生

小张毕业后在一家公司当销售员。工作了一段时间后，小张向同学小李抱怨道："我想辞职！在公司里，我根本没有办法得到领导的重视，领导经常批评我！"小李听了，非常赞同地说："我支持你！但是，我觉得你现在离开不是最好的时机。"

小张奇怪地问："为什么呢？"

小李接着说："如果你现在离开公司，公司并没有什么损失，领导也不会因为你的离开而觉得可惜。如果你从现在开始，尽自己最大努力为自己争取客户，逐渐成为公司的销售骨干，然后再辞职离开。到那时，曾经批评你的领导一定会非常后悔的！"

小张觉得小李的话很有道理。于是，他努力工作，积极发展新客户，同时通过学习不断积累专业知识、提升沟通技能，在半年内做出了不错的成绩。

小张再见到小李时，开心地说："你知道吗？因为我工作出色，所以领导准备让我当销售经理。"小李听了，笑着说："现在是时机了。你辞职，领导一定会后悔之前批评过你。"小张也笑了笑，说："谢谢你。我觉得这个公司非常适合我，我暂时不准备辞职了。"

 请思考

通过这个故事，你得到了什么启示？你认为职业素养应该包括哪些方面的内容？

一、职业的内涵

职业是指个体为谋求生计或实现自身目标而选择并从事的工作。职业通常与个人的教育背景、技能和兴趣相关联，是个人在特定领域中发展和成长的方向，是一种对特定职责和角色的承诺。一般来说，职业具有以下几个特征。

（1）专业性。每个职业都要求职业人具备特定的专业知识、技能和经验，以胜任特定领域的工作任务。这些专业性要求可以通过教育、培训和实践来获取和提升。

（2）时代性。职业往往会随着时代的变化而变化，不同职业的要求，以及其所面临的机遇和挑战也会因时代的不同而发生变化。

（3）差异性。不同职业间存在着很大的差异，如劳动条件、工作对象、工作性质等都不同。随着时代的发展变化，各种职业间的差异也会不断变化。

 视 野 纵 横

职业认知和职业选择

职业认知

职业认知是指个体对职业领域的认知和理解。它包括对不同职业的了解、对职业发展路径的认知、对自己的职业兴趣和能力的认识，以及对职业市场和职业需求的了解等。职业认知是个体对自己职业生涯做出明智决策和规划的基础。

职业选择

职业选择是指个体在面临各种职业选项时，结合自身因素做出的职业决策。职业选择直接影响个体的职业发展和职业满意度。在做出职业选择之前，个体应充分了解自己的兴趣爱好、能力、特长、目标、价值观等，并结合市场需求和职业前景进行综合考虑。

二、职业素养的内涵

职业素养是指职业活动内在的规范和要求，即职业活动对职业人所应具备的素质的要求。同时，职业素养也是个体在职业活动中表现出来的综合品质。

在现代社会中，个体要想融入社会，首先就要融入现有的社会分工体系，成为一个职业人。而职业人必须符合社会分工体系不断专业化、职业化的要求，以及职业活动对人的素质的基本要求。因此，职业素养是每个职业人必不可少的基本素养，是衡量一个职业人成熟度的重要指标，而职业素养提升则是每个职业人的必修课。

三、职业素养的基本内容

（一）职业道德

职业道德是指从事一定职业的个体在职业活动中应当遵循的、具有职业特征的道德要

求和行为准则。在现代社会，职业道德通常以"准则""守则""条例"等形式表现，主要用于说明哪些行为是被允许的，属于道德的行为；哪些行为是不被允许的，属于不道德的行为。

从来源上看，职业道德随劳动分工的出现而逐步形成，又随着劳动分工的发展而不断发展。随着新兴职业的出现，职业道德也随之产生新的内容。例如，理财规划师向客户提供服务时，应在客观公正的原则下，勤勉谨慎，并注意保护客户隐私；人工智能从业人员在用技术改变人们生活的同时，也要守住伦理道德的底线，让人工智能更好地为人类服务；等等。从形式上看，职业道德是一般社会道德的特殊形式，是社会道德的一个有特色的分支。从内容上来看，各行各业都形成了各具特色的职业道德，如不做假账是会计的职业道德，救死扶伤是医生的职业道德，诲人不倦是教师的职业道德，为委托人提供专业的法律服务是律师的职业道德，等等。

在现阶段，我国各行各业普遍适用的职业道德的基本内容包括爱岗敬业、诚实守信、办事公道、服务群众和奉献社会五个方面。

（二）职业意识

职业意识是指人们对职业活动的认识、评价、情感和态度，如责任意识、安全意识、竞争意识等。在职业意识的指导下，个体能够更加自觉地投入职业实践，不断提升自己的专业能力和素养，实现个人与职业的良性互动与发展。

（三）职业行为习惯

职业行为习惯是指人们在职业活动中所形成的，相对稳定的、自动化的行为方式。它是职业素养的外在表现，具体体现在职场礼仪、自我效能、时间管理、情绪管理等多个方面。

良好的职业行为习惯是做好工作的前提条件，对个人职业发展起着重要的推动作用。它决定着职业人是否能高效率、高质量地完成工作，以及出色、完美地达到预期目标。大学生在平时的生活中要有意识地培养良好的行为习惯，为将来走进职场奠定良好的基础。

扫一扫

职场新人应养成的
职业行为习惯

青年工程师杨强——自律方得自由

杨强是湖南路桥建设集团有限责任公司（以下简称"湖南路桥"）的一名工程师。他认为，自律就是在恰当的时间、恰当的地点做好自己该做的事，既不拖延，也不懈怠；自由，不是随心所欲，而是通过自律在日常生活中建立一种井然的秩序，掌握学习和工作的主动权。

学习自律：拓宽认知的边界

大学时，杨强曾在湖南路桥衡桂高速项目实习。实习结束后，他决定留下来。入职后不久，他便因出色的学习能力和动手能力获得公司的认可，被任命为测量组组长。"当时我们不仅欣赏杨强的专业测绘能力，更欣赏他的学习能力。他能在工作之余，主动去学习项目管理等知识，拓展自己的业务能力。"时任衡桂高速项目经理的刘乐辉对杨强的工作主动性记忆犹新。

杨强认为，当人把学习当作一种习惯时，学习就跟吃饭一样自然。他也相信，学习上的付出，从来不会被辜负。历数杨强入职以来的"学习成绩"，可以说是收获颇丰，他先后获得工法、专利10余项，发表专业学术论文3篇。

工作自律：璀璨人生的价值

参加工作之后，杨强从衡桂高速项目出发，曾驻守在波光粼粼的资江（长江支流）上，曾穿越过喧嚣的慈利（湖南省张家界市下辖县城）旧城街头，在风头正劲的雄安新区抛洒过汗水……

2015年，年仅26岁的杨强被任命为资江二桥项目工程科长兼T梁预制梁场负责人。有着拼劲的杨强虽然感到压力很大，但他无惧挑战，全身心投入到项目中去，最终实现项目零安全事故、零质量事故，并提前5个月完工，获得了业主单位、监理公司的一致好评。他也因在项目关键时期的突出贡献，被授予湖南路桥"2016年度安康杯劳动竞赛先进个人"。

慈利项目是对旧城区进行道路升级改造。旧城区房屋杂乱、拆迁难度大。更困难的是，城区地下密布着水、燃气、电力电信、雨污水管、国防光缆等管线。由于旧城区建成时间久远，没有管线分布图纸可参考，他们只能小心翼翼地施工。为了确保工期，他们加班加点，不知道熬了多少个通宵才使得项目如期完成。

在京德高速ZT10标项目中，一抵达临时项目部，杨强就马不停蹄地开展现场踏勘、图纸审核、模板适配、开工筹备等工作。在他和项目团队成员的共同努力和强力推动下，不到一个月的时间，京德高速全线首根桩基在京德 ZT10 标成功开钻，创造了京德高速的"雄安速度"。

自由地带：抵达自我的主宰

杨强之所以高度认同"自律方得自由"这句话，是因为在长期以来坚持学习的习惯中，他对专业有始终不过时的掌握；在工作上的不松懈，始终保持主动出击的状态，让他在各种挑战面前能够掌握主动权，实现内心的自我主宰。

23 岁入职，24 岁任测量组组长，26 岁任工程科长，29 岁任项目副经理，杨强的成长轨迹在同龄人中并不能被轻易复制。在他看来，当把自律养成习惯时，不仅业务水平可以精进，专业知识边界也会不断拓宽，这让他在施工技术、项目管理等方面都能得心应手。自律的职业行为习惯，促使他坚持做好当下的每一件事，把握学习和工作的主动权，主宰自己的内心。

（资料来源：湖南路桥网，2022-04-11，有改动）

（四）职业能力

职业能力是指人们从事某一职业活动所必须具备的多种能力的综合。例如，软件测试工程师不仅要具备较强的逻辑思维能力，还要具有敏锐的洞察力及良好的沟通能力。又如，教师只具有表达能力是不够的，还必须具有对教学的组织和管理能力，对教材的理解和运用能力，对教学问题和教学效果的分析、判断能力等。

一般来说，职业能力主要包括专业能力和一般能力。其中，专业能力是指从事某一职业活动所必须具备的专业知识和技能。大学生可以通过大学阶段的学习，获得从事本专业所对应职业活动需要的专业知识和技能。一般能力主要包括人际沟通能力、团队合作能力、创新能力、学习能力等。这些能力则需要大学生在日常的学习、生活及今后的职业生活中，通过不断锻炼、积累而获得。

冰山模型

冰山模型又称"冰山素质模型"，如图 1-1 所示，是由心理学家麦克利兰提出的。他将个体素质比喻为一座冰山，并将其划分为水上的冰山和水下的冰山两个部分。

图 1-1　冰山模型

（1）水上的冰山部分包括知识和技能，是个体素质外在的表现。它不需要深入接触，通过简单的观察和分析就能识别出来，而且能通过培训改变和发展。

（2）水下的冰山部分包括价值观、社会角色定位、自我认知、品质和动机，是个体素质内在的、难以观测的部分。它对个体的行为与表现起着关键性的作用，必须通过深入接触，以及全面、系统的分析才能识别出来，且不容易因外界的影响而改变。

通过冰山模型可以发现，越是水上的冰山部分越便于识别、易于改变；越是水下的冰山部分越难以识别、不易改变。麦克利兰认为，主导个体行为的是水下的冰山部分。因此，预测个体的工作业绩不能仅仅根据其学历、技能等外在条件，即水上的冰山部分进行判断，而是应该根据个体的内在素质，即水下的冰山部分进行判断。

素质是后天形成的，是一个人内在素养和品质的综合反映。对于组织来说，冰山模型为管理者选拔能够胜任各种不同岗位的员工、测评员工的职业素养提供了依据和标准，还能够促进人力资源管理工作的有序进行。对于大学生来说，冰山模型可以帮助他们更深入地了解自己的短板和优势，从而更有针对性地提升自身的职业素养。

（资料来源：搜狐网，2015-10-27，有改动）

四、提升职业素养的意义

（一）有利于提高大学生的职业竞争力

对于大学生来说，就业是其顺利融入社会，实现人生理想和人生价值的重要途径之一。具备良好职业素养的大学生，在就业竞争中更容易得到用人单位的青睐。因此，面对复杂、严峻的就业形势，要想实现顺利就业，大学生在校期间就要注重自身职业素养的培养与提升，为顺利进入职场做好充分准备。

此外，从职业发展的角度看，一个人的职业素养越高，其在职业活动中所能获得的发展机会也越多。因此，在进入职场后，大学生要想迅速胜任岗位工作，获得更多的发展机会，就更应该有针对性地不断提升自身的职业素养。

🖳 课堂活动

有的大学生认为，职场讲究"适者生存""达者为先"，要想在职场上获得成功，最应具备的职业素养就是专业能力。而其他的职业素养，如职业道德、职业意识和职业行为习惯等可以在进入职场后再慢慢提升。因此，在大学阶段，最重要的就是提升自己的专业能力，其他职业素养可以先放一放。

你认为这种说法对吗？为什么？请说一说你的看法。

（二）有利于促进企业高质量发展

从企业发展的角度看，只有具有较高职业素养的员工才能帮助企业节省成本、提高效率，帮助企业在日益激烈的市场竞争中占得一席之地。同时，具有较高职业素养的员工还可以帮助企业在内部形成良好的竞争氛围和团队合作氛围，增强企业的凝聚力，从而推动企业不断创新、不断进步。因此，提升员工职业素养对企业实现高质量发展具有重要的意义。

（三）有利于促进社会的繁荣与发展

职业素养既关乎个人成长，又关乎整个社会的和谐与进步。职业素养的提升是个体、组织和社会共同受益的过程，它能够为社会经济发展注入活力和动力。如果社会能形成一个人人诚实劳动的良好局面，每个人都能"乐其业""安其居"，就能够推动整个社会的繁荣与发展。

探索与训练

一、小组讨论——认识职业素养

活动目的

了解职业素养的重要性和要求，努力提升自身的综合素质和能力，增加在就业竞争中的优势。

活动流程

（1）学生每4～6人一组，以小组为单位在网上查找与所学专业相关的岗位要求并进行整理，以加深对职业素养现实需求的了解。

（2）各小组成员在组内轮流发言，阐述自己对职业素养的理解。

（3）各小组在组内讨论以下问题：① 自己对职业素养要求的认知与职业素养的现实需求之间有哪些差距？② 对照现实需求，自己还需要重点提升哪些方面的职业素养？③ 应该怎样提升自己的职业素养？

（4）在学生讨论期间，教师需要及时为学生答疑解惑。

二、制订计划——提升职业素养，遇到更优秀的自己

请根据小组活动的讨论结果，为自身职业素养的提升制订一份初步行动计划。

职业道德与人们所从事的职业关系紧密，是职业人在职业活动中应遵循的基本行为准则。每一个职业人都必须具备良好的职业道德，这是社会和组织对职业人最基本的规范和要求，也是职业人获得职业成功的基本保障。那些具有良好职业道德的人，能在工作中严格要求自己、精益求精，从而为事业的成功奠定坚实的基础。

随着社会分工的逐渐细化和深化，人们对职业道德的要求越来越高。不论从事何种行业的工作，作为一名职业人，首先要做到诚实守信、爱岗敬业。其次还要做到办事公道、服务群众和奉献社会。

职业道德篇

模块一 诚实守信

 学习清单

每完成一项学习任务，就在对应的方框中打钩。

任务进程	序号	任务内容	是否完成
课前预习	1	通过网络、书籍、调研等多种途径搜集5位劳动模范或先进人物诚实守信的典型事迹，并试着列出他们身上的共同点	☐
	2	搜集3则体现人们诚实守信的故事，阅读后写下自己的感悟	☐
课中学习	3	阅读"典型案例"中的案例，并回答案例后的思考题	☐
	4	理解诚信的内涵和价值	☐
	5	明确大学生加强诚信修养的途径	☐
	6	列出自己已经具备的职业道德	☐
课后复习	7	围绕本模块所学内容查找一条关于诚信的名言警句,并仔细体会其含义	☐

典型案例

诚信经商，良心做人——汽车维修店的故事

一天，一名顾客走进一家汽车维修店，自称是某大型运输公司的汽车司机，他对店主说："你能在我的账单上多写点零件更换和维修费用吗？我回公司报销后，会将多余的钱分给你一些。"店主听了，毫不犹豫地拒绝了他的要求。

这名顾客不死心，继续说道："我所在公司的生意非常好。我保证每次修车都会来你店里，让你赚钱，怎么样？"店主还是拒绝了他，并表示无论如何也不会做这种违背职业道德的事情。

顾客非常生气，他气急败坏地冲店主吼道："你真是太傻了！你不赚这个钱，自有其他维修店愿意这么干！"店主也很生气，要求顾客马上离开。

就在店主驱逐顾客的时候，顾客突然笑了。他满怀歉意地握住店主的手，说："对不起，我刚才吓到您了！我是一家运输公司的老板，一直在寻找一家能长期合作的、信得过的维修店。您面对诱惑还能保持本心，让我十分敬佩。我希望和您的维修店长期合作，您愿意吗？"

请思考　为什么这名汽车维修店的店主会拒绝顾客提出的条件？为什么顾客希望与这家汽车维修店的店主长期合作？在汽车维修店的店主身上，你看到了哪些珍贵的品质？

一、诚信的内涵

诚信由"诚"和"信"组成。其中，"诚"是指尊重事实、真诚待人，既不自欺也不欺人。"信"是指讲信用、守承诺。"诚"为"信"之基础，它侧重于"内诚于心"，体现了个人内在的道德修养。"信"侧重于"外信于人"，体现为外在的人际关系。从"诚"和"信"的含义可以看出，诚信就是要守诺、践约、无欺，即说老实话、办老

扫一扫

有关诚信的故事

实事、做老实人。

诚信是道德的基本规范，也是做人和做事的基本准则。它要求人们具有诚实的品德和境界，尊重事实，不自欺、不欺人；要求人们在社会交往中言行一致、信守诺言、履行自己应该承担的责任。

二、诚信的意义

诚实守信是中华民族的传统美德。从古至今，人们一直以诚信为德之重。在我国社会主义市场经济快速发展的背景下，强化个人、企业和整个社会的诚信意识，具有重要的现实意义。

（一）对个人的意义

对个人而言，诚信是立身之本。孔子曰："人而无信，不知其可也。"（《论语·为政》）人是通过"社会化"完成从自然人到社会人的转化的。人在社会化的过程中，不仅要学习和掌握适应社会生活所必需的知识和技能，还要学习社会交往的规则。遵循不说谎、说话算数等诚信规则，是每个人最早学到的为人处事的道理。

在职业活动中，诚信更是职业人不可缺少的职业素养。如果一个人对同事讲诚信，就容易得到同事的信任和帮助，与同事建立起和谐可靠的共事关系，从而能够更好地开展工作；如果一个人对领导讲诚信，就容易得到领导的青睐和重用，从而为自己赢得更多的发展机会；如果一个人对客户讲诚信，就会赢得客户的依赖，从而帮助组织获得更多的经济效益。相反，如果一个人在工作中失信于人，就很难与同事和领导建立良好的关系；如果一个人与客户交往时失去诚信，就会给工作带来困难。例如，如果一个人和客户约好了见面的时间和地点，却没有在约定的时间内到达，或者约好了交货日期却无法按时交货。久而久之，客户就会对这个人失去信任，将来也不会再选择与其合作。因此，每个职业人都应以诚信为本、真诚待人。

信义夫妻：粮食不在，良心要在

刘平贵是山西省晋城市北石店镇南石店村的村民。2010年，刘平贵夫妇经营的面粉厂被洪水冲毁。洪水过后，仓库里保存的760 000斤小麦发霉出芽，损失高达80万元。更让刘平贵着急的是，这些发霉的小麦是 18 个村的 200 多户村民寄存在面粉厂的，平时村民们有需要时，会按照 100 斤小麦兑换 80 斤面粉的标准换取面粉。现在小麦出了问题，刘平贵需要给村民们一个交代。

面对突发的灾难，有朋友给刘平贵出主意，让她去找政府处理，厂子干脆申请破产不要了。刘平贵拒绝了朋友的建议，取出自己所有的积蓄，又向亲戚朋友借了 10 万元，全部用来买了小麦，让工厂的机器重新转了起来。有人看到刘平贵为了让村民随时都能有面粉用，到处借钱买小麦，就向刘平贵提议，将原来换取面粉的标准抬高些，这样可以省下不少钱。刘平贵又婉言谢绝了，坚持换取面粉的标准不变。

为了尽快弥补损失，刘平贵的丈夫和大女儿开始外出打工，并把打工赚的钱全部寄给刘平贵用来买小麦。刘平贵则守着面粉厂，以便村民随时都可以兑换面粉。有的村民担心面粉厂为了降低成本而将发霉变质的小麦做成面粉给他们用。为了打消村民的顾虑，刘平贵当着全村人的面，把所有变质小麦拉到垃圾场销毁。

在全家人一起还粮的几年里，刘平贵一家过得十分清苦。夫妻俩一门心思想着还粮，连件新衣服都不敢买。2013 年，二女儿考上了省城的一所大学。上大学期间，懂事的女儿很少回家，就是为了能省下往返的车费。

政府看到了刘平贵一家的困难，也一直在想办法帮助他们。2013 年，在镇政府的帮助下，刘平贵的面粉厂获得了 15 万元贷款。2014 年，晋城市委、市政府主要领导慰问时，又给刘平贵的面粉厂带来了一些经济支持。刘平贵说："政府得知我们的困难后，一直在想办法帮助我们。这增加了我们还粮的信心。社会上也有许多人愿意帮助我们，我们十分感谢，但不能接受，因为还有更多比我们困难的人需要得到帮助。"在还粮的过程中，由于小麦价格连年上涨，刘平贵夫妇承受的经济数额远远高于当年测算的 80 万元。但是，刘平贵夫妇毫无怨言，他们仍旧按照村民的损失还粮，从没有想过要抬高小麦兑换面粉的标准。2017 年，刘平贵夫妇终于还完了欠村民的 760 000 斤小麦，实现了他们当初对村民的承诺。而刘平贵夫妇却因为还粮，还欠着几万元外债。

刘平贵夫妇用诚信感动了周围的人。他们还粮的事迹被《山西晚报》《山西日报》、山西电视台、新华社等多家媒体进行了报道，还被中央电视台《新闻联播》以"信义夫妻：粮食不在，良心要在"为题进行了专题报道，他们夫妇俩还获得了"山西道德模范""全国诚实守信模范"等荣誉称号。

（资料来源：搜狐网，作者李吉毅，2016-08-09，有改动）

（二）对企业的意义

人无信而不立，企业更是如此。诚信不仅是企业的"金字招牌"，还是企业宝贵的精神财富和无形资产，对企业的发展有着极其重要的意义。

扫一扫

诚信是创业成功的王牌

首先，诚信是企业生存和发展的基石。一家企业，只有以诚信为本，其信誉度才会不断提高，从而形成强大的吸引力，吸引更多优秀的员工。同时，以诚信为本的企业文化能够更好地激发员工的认同感和凝聚力，增强企业的生命力和活力。

其次，一个以诚信为本的企业能在市场活动中得到更多的资源和发展机会，从而为企业带来更多的效益。市场经济是以信用为基础的。只有坚持做到"内诚外信"的企业，才能在市场竞争中获得牢固的伙伴关系，拥有更多与其他企业合作的机会。

（三）对社会的意义

对社会而言，诚信有助于社会的良性运行和持续发展。诚信是社会最普遍也是最基本的伦理价值需要，各种经济活动、政治活动、精神文化活动等都需要诚信。如果社会没有形成良好的诚信风气，就容易陷入诚信危机中。例如，一些企业不讲诚信，为了眼前的利益制假贩假、偷税漏税、骗汇骗保、虚开票据、伪造票证、发布虚假广告；一些个人投机取巧，为了各种目的虚构假成果、假学历、假证件、假新闻等。如果信用缺失的企业或个人过多，容易导致整个社会都处于一种不信任、不确定和不安全的心理状况中，给社会发展带来严重的不良后果。

榜样人物

山东好人崔慧：坚守"1元"诚信

2023年年初，山东省精神文明委员会办公室公布了第129期山东好人名单，青岛真情巴士集团K23路公交车驾驶员崔慧光荣上榜。

坚守职业诚信，带动文明"大流量"

2022年6月8日，崔慧在执行营运任务途中遇到了四年级小学生刘铭（化名）。刘同学上车刷卡时发现卡内余额不足，而他没有携带现金，于是转身就要下车。见刘同学独自乘车，细心的崔慧叫住了她并说道："没事小朋友，先上车吧。"随后，她拿出自费充值的公交卡，为其支付了 1 元车费。

刘同学下车时将一张纸条塞给崔慧，上面写着"欠条：很遗憾公交卡没钱了，K23 路公交车阿姨帮我付的钱，感谢！"。几天后，刘同学的妈妈周女士给真情巴士打来电话感谢崔慧，并将一张充有 100 元钱的公交卡赠送给崔慧，希望她下次再遇到需要帮助的乘客时，这张卡能将崔师傅的爱心传递下去。

崔慧与小乘客的暖心互动先后被人民日报、新华社、央视新闻等媒体报道。央视主持人在节目中这样评论："如此懂得感恩，孩子的举动在小事当中给我们上了一堂大课。而驾驶员对孩子的关爱，也成为对孩子的一种爱的教育。我们真需要有更多这样的大课。"

在媒体采访中，曾有记者问崔慧："你为什么要准备一张自费充值的公交卡，而不是选择直接让小学生免费乘车？"崔慧回答道："准备公交卡是为了帮助遇到突发状况的乘客顺利乘车。作为一名公交驾驶员，拥有的也许只是'1 元钱'的岗位权力。但无论是 1 元钱还是 1 万元钱，每个岗位都应该有职业诚信，也应该遵守规章制度。办好事不是违规的借口，我的亲友乘坐我的车也一样要付车费。"

坚持拾金不昧，打造诚信车厢

在工作中，崔慧坚持以"立身处世、诚信第一"为做人做事的准则，坚守"保障乘客美好出行"的职业诚信，始终保持零事故零投诉的纪录。她全力打造的诚信车厢，让公交车成为乘客的"保险柜"。仅 2022 年，崔慧累计捡拾乘客遗留物品 20 余件并全部归还给失主。她曾因归还乘客价值 4 000 余元的黄金首饰被青岛早报等媒体点名表扬。

守信于己，诺信于人，践信于行。作为一位平凡的公交驾驶员，崔慧以实际行动释放出守信重诺的巨大能量，用正能量带动"大流量"，成为山东省文明建设工作中的一抹亮色。

（资料来源：青岛文明网，作者刘鹏，2022-09-13，有改动）

三、大学生加强诚信修养的途径

（一）培养诚信意识

1. 自我反省，真诚客观

自我反省是培养诚信意识中至关重要的一环。通过自我反省，大学生可以深入思考自己的行为和决策是否符合诚信的要求，及时发现并纠正不诚实的行为，从而不断提升自己的道德品质。

真诚客观要求大学生真实地面对自己的行为和决策，不回避或掩盖不诚实的行为，勇于承认错误。只有勇于面对自己的不足，才能找到改进的方向，进而提升自己的诚信品质。

2. 信守承诺，拒绝诱惑

大学生应时刻谨记诚信是立身处世之本，做到信守承诺、拒绝诱惑。其中，信守承诺要求大学生在社会交往中不自欺和不欺骗他人。拒绝诱惑要求大学生严于律己，自觉遵守社会道德规范，树立正确的是非观和善恶观，不因外界诱惑而违背自身承诺，背信弃义。

课堂活动

在生活中，每个人都遇到过各种各样的诱惑。请说一说你曾经遇到过哪些诱惑，你是怎么抵御这些诱惑的？

（二）在实践中培养诚信品质

诚信品质的培养并非一朝一夕能完成的，它需要大学生在日常交往和学习生活中逐渐培养。在社会实践中，大学生应尊重客观事实，不作假、不投机取巧，脚踏实地，诚实劳动（从小事做起，如不迟到、按时完成各项任务、以诚待人等）。只有严于律己，从每件小事出发，用诚信的标尺衡量自己，大学生才能逐渐养成诚信的品质。

哲 思 寓 理

诚信彰显人性光辉，素养增添城市之美——"诚信小站"故事多

没有监控、没人收款、自由选择商品、自行扫码结账……在沧州师范学院的"诚信小站"，所有的买卖全靠诚信。

什么是"诚信小站"？

笔、笔芯、纸巾、水、饮料……一件件学习用品和生活用品整齐地摆放在桌子上，旁边的墙上贴着一张价目表，写着每件商品的价格。价目表的旁边贴着收款二维码，还有"发扬商道，共筑诚信""商学院双创项目"的标语。之所以叫"诚信小站"，是因为这里没有收款人，学生们在选购完商品后，需自行扫码支付。在"诚信小站"最外面的桌子上，静静地立着一块小黑板，上面写着前一天"诚信小站"的应收款、实收款和诚信率，每天都会有人来更新数据。

薛雨欣是沧州师范学院商学院2016级市场营销专业的学生，也是"诚信小站"的创办者。她说，"诚信小站"的创意是从其他大学"取经"而来的。很多学校都有学生自助超市，既能方便学生，也能让学生增强诚信意识，为学校营造诚信的氛围。她看到后，就萌生了在学校里建一个"诚信小站"的想法。在商学院院长的支持下，薛雨欣和同班的攀佳伟、杨舒然立即行动起来，于2018年5月15日开办了沧州师范学院第一个"诚信小站"。

诚信率平均98%以上

开业的第一天，薛雨欣和同学们都有些惴惴不安。他们不担心商品卖不出去，而是担心"无人收款"这种"诚信"模式能否成功。学生是否讲诚信，直接决定着"诚信小站"的生死。第一天试营业结束后，薛雨欣和同学们马上去"诚信小站"了解"收支"情况。最后发现，"诚信小站"当天共收款27.5元，诚信率达到了98%。这个数字令他们欣喜不已。

之后，"诚信小站"的经营状况一直都非常好，付款率始终保持在98%以上。这也是"诚信小站"坚持到现在的重要原因。而剩下的2%，其实不排除一些特殊情况。例如，有的同学购物时十分着急，来不及付款；有的同学在扫码支付的过程中，可能出现了问题，导致付款不及时。通常情况下，因特殊原因未能付款的同学会在之后回来补款。

坚决不装摄像头

"诚信小站"的诚信率也有上下浮动的时候。有几次，"诚信小站"的诚信率遭遇了"低点"。有的同学提出在"诚信小站"里安装摄像头，以监督学生们自觉完成付款。但是，这个提议遭到了学院老师和薛雨欣的反对。他们认为，如果安装了摄像头，就会违背建立"诚信小站"的初衷，也就失去了它存在的意义。

师生们统一了意见后，薛雨欣在"诚信小站"的公众号上发表了一份"诚信声明"：我们创建"诚信小站"的初衷就是为了给大家提供便利的服务，相信同学们也确实感受到了小站的便利之处。君子慎独，希望大家不要因为几块钱而丢失诚信，和我们一起维护"诚信小站"的诚信率。请大家都做到诚信，让诚信成为自觉。

在那之后，"诚信小站"的诚信率经常维持在100%，这让学院老师和薛雨欣都兴奋不已。

诚信率会达到"101%"吗?

"诚信小站"还发生过一件很有意思的事情。有一段时间,文科楼的"诚信小站"每天的收款数总会比应收款多出几元钱。经过调查,事情终于水落石出。原来,一位同学看到"诚信小站"连续多天的诚信率都维持在100%,他就故意多付了几元钱,想看看诚信率会不会达到101%。而"诚信小站"里的小黑板如实写明了多出的几块钱,给了那位同学最诚信的答案。事后,薛雨欣将多收的钱退给了那位同学,101%诚信率的故事也在校园里传播开来。

（资料来源:沧州新闻网,作者祁晓娟,2023-03-17,有改动）

探索与训练

一、班级活动——寻找生活中的诚信故事

活动目的

（1）明确诚信的内涵,了解诚信对大学生自身发展的重要意义。

（2）崇尚诚信、远离欺骗,愿意从现在做起,把诚信落实在日常生活实践中,并将诚信作为自己为人处世的基本原则。

活动流程

（1）查找有关诚信的名人故事,或者收集3~5个自己身边有关诚信的事例。

（2）学生每3~5人一组,轮流在组内讲述诚信故事。

（3）各组展开讨论,以书面形式制订一份"诚信公约",号召大家从日常小事做起,践行诚信。

二、观看话剧《立秋》——感人肺腑,一诺千金

大型多场景历史话剧《立秋》是我国著名话剧艺术家、国家话剧院著名导演陈颙的绝笔之作,于2004年4月27日首演。这部话剧讲述了一个名为"丰德票号"的晋商的故事,展示了当时的中国商人自强不息、诚信为本的精神操守。剧中丰德票号的祖训

"天地生人，有一人应有一人之业；人生在世，生一日当尽一日之勤"在当代中国同样具有深刻的现实意义。《立秋》主题鲜明、立意深刻、气势磅礴、感人泪下，被称为"新世纪中国话剧的里程碑"。

请学生在课前查找相关资料，了解并在网络上观看话剧《立秋》，然后完成下列活动。

（1）全班同学一起讨论《立秋》中各个人物所体现的不同品质。

（2）请几名学生说一说自己最喜欢剧中的哪个人物，并用一段话简单地描述该人物的性格特点及其所具备的优良品质。

（3）请其他几名学生说一说剧中最感动自己的是哪一段剧情，并简要阐述原因。

（4）全班学生自由分组（每10人一组），各组经过讨论后，选择一段剧情进行表演。

（5）各组轮流表演。

（6）学生撰写观后感。

模块二　爱岗敬业

学习清单

每完成一项学习任务，就在对应的方框中打钩。

任务进程	序号	任务内容	是否完成
课前预习	1	通过网络、书籍、调研等多种途径搜集5位劳动模范或先进人物爱岗敬业的典型事迹，并试着列出他们身上的共同点	☐
	2	搜集3则体现人们爱岗敬业的故事，阅读后写下自己的感悟	☐
课中学习	3	阅读"典型案例"中的案例，并回答案例后的思考题	☐
	4	理解敬业的内涵和三种境界	☐
	5	了解敬业的意义	☐
	6	明确如何践行爱岗敬业精神	☐
课后复习	7	围绕本模块所学内容查找一条关于爱岗敬业的名言警句，并仔细体会其含义	☐

典型案例

敬业成就梦想——从程序员到工程师的蜕变

在一家大型软件公司的实验室里，有这样一位工程师。他是该实验室中唯一一个没有大学学历的人。

当初，他进实验室的时候，很多人都不看好他，认为他没法和那些名校的高才生相比。由于学历不高，他只能从一名普通程序员做起。但是，令整个实验室惊讶的是，实验室中工作效率最高的人竟然是这个学历不高的人。他对待工作十分严谨、认真，遇到难题也从不轻言放弃。更难得的是，他还主动学习了高级软件的开发知识，经常利用休息时间参加公司主办的各种内部软件开发课程。

他的不懈努力和刻苦钻研精神引起了公司软件与解决方案部总经理的注意。一年后，该公司实验室要以高薪引进软件工程师时，总经理第一个想到的就是这个程序员。有人问总经理："为什么要高薪聘用一个学历这么低的工程师？"总经理说："他以扎实的业绩、过硬的专业技术水平和高度务实的敬业精神赢得了企业的认可，也为自己迎来了更好的发展机会。"

请思考　上述故事中的工程师为什么能够得到这一工作机会？

一、爱岗敬业的内涵

爱岗敬业是最基本的职业道德规范，是各行各业对职业人的普遍要求。爱岗是指热爱自己的工作岗位，热爱自己所从事的职业；敬业是指用一种严肃认真的态度对待自己的工作。爱岗敬业具体表现为尽职尽责、勤勤恳恳、兢兢业业、任劳任怨、全心全意、善始善终、精益求精等。

扫一扫

敬业的内涵

爱岗敬业是职业人责任感、使命感的具体体现。在职场中，如果能兢兢业业地工作，能不以位卑而消沉、不以责小而松懈、不以薪少而放任，就能有所成就。因此，职业人必须以干一行、爱一行的理念和认真负责、精益求精的态度做好本职工作。在现代社会中，爱岗敬业已经成为企业选择、培养和考核员工的首要标准。

二、爱岗敬业的意义

（一）爱岗敬业是个人职业发展的必要前提

首先，爱岗敬业是职业人做好本职工作的基本要求，而做好本职工作是其获得职业发展的前提。爱岗敬业的人通常对自己的工作精益求精，在工作中积极钻研，努力完善和提高自己。在此过程中，其个人知识储备不断增加、职业视野不断拓宽、职业技能不断提升，为个人的职业发展奠定了坚实的基础。古往今来，许多成功人士都是爱岗敬业的典范，如钱学森、邓稼先、焦裕禄、孔繁森、王进喜、袁隆平等。他们在各自的领域里，用爱岗敬业精神创造了行业中的奇迹。

其次，爱岗敬业是在激烈的社会竞争中取胜的重要条件。在企业中，只有爱岗敬业并将工作做到足够出色的人，才能赢得上司和同事的赞誉，从而获得晋升机会。相反，一个人如果在工作中总是偷奸耍滑，对待工作不负责任、敷衍了事，就无法取得良好的工作成绩，从而难以得到同事和上司的认可，也就很难晋升。

全国道德模范叶其懂——播下感动，长向善的叶

上海市邮政公司曹杨新村支局投递员叶其懂是全国道德模范人物、"全国五一劳动奖章"获得者，也是全国邮政百佳模范投递员。20多年来，他累计投递信报300多万件，无一差错；20多年来，他让2 400多封"死信"和1 000多个疑难包裹"复活"；20多年来，不管邮包有多重，他也会把邮件送到没有电梯的老教授家中。

叶其懂负责投递的社区是上海市中心城区拥有10余万人口的大型居住区。为了能准确、高效地投递到户，他常常利用休息时间去熟悉地形，把住户、租客、商家、企业的变动情况记录在随身携带的小本子上，整理出了2 000多条用户信息。正是因为这一"法宝"，他成了同事们眼中的"活地图""业务通"。

叶其懂有一次在给一位住在敬老院的老人送包裹时，得知老人们寄送信件很不方便，他便把"流动邮局"建在了那里。此后，他隔三岔五就去"流动邮局"看看，及时帮老人们寄信送信、邮钱汇物，还主动帮行动不便的老人贴邮票、粘信封。在上海世博会期间，老人们不方便去现场参观，可心里都惦记着。叶其懂就顶着烈日把世博园几乎走了个遍，拍了很多照片，然后在敬老院一边用电脑播放一边给老人们讲解。

叶其懂负责投递的社区住了很多高校的退休教授。这些退休教授与家人、朋友们联系的书信、与同行之间进行学术交流的资料非常多，所以叶其懂每次送的包裹都很沉。由于社区内很多楼房都没有安装电梯，叶其懂每次都是爬楼梯挨家挨户地把几十斤重的包裹送到这些老教授手中。叶其懂这种认真负责的态度得到了老教授们的一致好评，他也因此结交了许多忘年交。

为了把一封封"死信"唤活，他不知搭上了多少休息时间，跑了多少冤枉路。多年来，叶其懂根据自己的工作经验和工作实践，摸索出"查询法""试投法""贴条法"等多种方法，先后使 2 400 多封"死信"、1 000 多个疑难包裹"复活"。后来，这些复活"死信"的方法作为投递标准在全行业推广。

……

由于工作出色，叶其懂多次被评为"上海邮政先进生产工作者"，还曾被授予"全国五一劳动奖章""上海市劳动模范""全国邮政百佳模范投递员""上海市青年岗位能手"等荣誉称号。如今，叶其懂依然坚守在一线，每天送快递，服务居民。他在平凡岗位上始终如一的执着坚守，创造了不平凡的业绩，用干劲、闯劲、钻劲鼓舞和激励着广大劳动群众争做新时代的奋斗者。

（资料来源：中国邮政网，作者陈郁，2023-05-15，有改动）

（二）爱岗敬业是企业发展的强大动力

在激烈的市场竞争中，企业的命运与每个员工息息相关。只有每个员工都能摆正自己在工作中的位置，主动承担起自己应该担负的责任，才能帮助企业更好地运行和发展，进而使企业创造出良好的经济效益和社会效益。

具体来说，上层决策者只有具有爱岗敬业精神，才能在瞬息万变的市场环境中制订出有效的企业战略规划；中层管理者只有具有爱岗敬业精神，才能不断优化各部门之间的协作流程，从而提高企业的整体运行效率；基层管理者只有具有爱岗敬业精神，才能将企业战略有效地传递给基层员工，鼓舞员工士气，协调各部门之间、部门与员工之间、员工与员工之间的关系，积极组织实施各项任务，使企业各项业务顺利开展；基层员工只有具有爱岗敬业精神，才能更好地完成自己的任务，为企业发展贡献出自己的一份力量。

（三）爱岗敬业是社会发展的重要保障

爱岗敬业作为人类社会最常态的奉献行为，看似平凡，实则伟大。每一份职业、每一个岗位，既是人类赖以生存和发展的基础保障，也是社会发展和进步的重要基石。从根本上讲，世界上所有的物质财富和精神财富，都是爱岗敬业的劳动者用智慧、心血和汗水创造出来的。

可以说，社会的发展依赖着劳动者的力量。如果每个人都能爱岗敬业，在自己的岗位上认真负责、兢兢业业，满怀热情地完成每一项工作，做到各守其道、各司其职、各尽其责，才能确保社会的不断发展与进步。

📺 课堂活动

（1）说一说自己对爱岗敬业的理解。

（2）与同学们分享一个爱岗敬业的事迹，并谈一谈自己的感悟。

三、践行爱岗敬业精神

（一）热爱本职工作

热爱本职工作是职业人做好本职工作的前提。具体来说，热爱本职工作需要做到以下三个方面。

（1）坚守岗位，认真工作。职业人应始终保持对工作的热情，认真做好本职工作，积极履行岗位职责，保质保量完成任务。

（2）不畏困难，积极进取。在遇到困难和挫折时，职业人应将其视为挑战和磨炼，并积极主动地寻找解决办法。在此过程中，职业人还需要有意识地锻炼观察、倾听、思考和判断的能力，不断提高自己的职业能力，以使自己更好地完成工作。

（3）培养兴趣，乐于从业。职业人要积极培养自己对职业的兴趣。只有对职业感兴趣，才愿意吃苦耐劳，才会在遇到困难时不退缩，才会享受工作的乐趣。

（二）强化爱岗敬业的意识

在职场中，有人形成了积极进取、尽职尽责、勤勤恳恳的爱岗敬业意识，也有人养成了敷衍了事、不思进取的职业陋习。爱岗敬业意识的培养对职业人的职业发展有极大的帮助。而职业陋习一旦养成，就会使职业人停滞不前，从而导致工作业绩不佳，以致难以得到晋升机会，甚至会使职业人面临被企业淘汰的风险。

因此，为了将来能更好地融入职业生活，创造自己的人生价值，大学生应从现在开始培养和强化自己的爱岗敬业意识，在学习和生活中发扬爱岗敬业精神，认真对待每一项学习任务，尽心尽力地解决每一个问题。

强化爱岗敬业意识，把旅客安全刻进骨子里

"把简单的事情重复做好，就不简单；把平凡的事情坚持做实，就不平凡。"这是中国铁路乌鲁木齐局集团有限公司的员工李全珍的座右铭。凭着一股勤勉奋进的精神、踏实肯干的劲头、持之以恒的韧劲，"90后"的李全珍从一名师范类毕业生"跨界"成了铁路售票员中的"先进生产者"。然而她并没有停下逐梦的步伐，在人生的赛道上，她迎难而上、不断挑战，成为新疆首位动车组女司机。

刚参加工作时，李全珍是库尔勒车站的一名售票员，面对单一枯燥的售票工作，她始终保持着积极的心态。由于李全珍从小就被教育要吃苦耐劳，在节假日等旅客增多的时候，李全珍都会主动要求加班。她的服务宗旨是不让任何一位购票的旅客空手而归。

为了实现这一目标，李全珍通过总结实践经验，形成了"全珍工作法"并在班组内推广：在旅客无法买到首选的车票时，耐心地帮忙规划其他行程，通过中转、联程等方式让旅客顺利出行；在旅客买票、输入车票信息、递出车票时，坚持三次询问旅客出行的时间和车站，保证准确出票。"全珍工作法"推广之后，有效提升了班组整体售票水平，旅客的投诉也明显下降。

在售票岗位任职期间，李全珍始终保持着对工作的热爱，从一名普通售票员一步步走上了值班主任的职位。她曾以年度188 702张售票总张数名列全局第一，并连续两年被评为"先进生产者"，还荣获了"火车头奖章"。

几年后，首批女动车组司机学员选拔在全国铁路系统启动。带着"让自己的人生多一份与众不同的经历"的想法，李全珍报名参加了选拔。然而想从售票员顺利"跨界"动车司机，需要接受两到三年的理论培训和实操练习。为了能够随时随地学习，李全珍将知识点用语音录入手机或写在小纸条上揣进兜里；为了锻炼应急处置能力，她将实际驾驶中可能出现的非正常状况——梳理，反复在纸上画模拟演练处置步骤……经过近 3 年的刻苦学习，李全珍"过五关、斩六将"，率先从参赛人员中脱颖而出，正式成为一名女动车组司机。

李全珍正式成为动车组司机后，更是将全部精力放到了工作上，铆足了劲提升操纵水平。她时刻告诉自己，要把每一位乘客当成自己的亲人、朋友，把旅客安全和行车安全刻进自己的骨子里。作为新司机的李全珍，带着这份敬畏之心，每趟值乘任务结束后，便回到车间对着自己的行车文件进行琢磨，查找自身的不足，总结经验，以便更好地投入到第二天的操纵之中。凭借自身的刻苦钻研，李全珍实现了连续 100 天的"满出勤、零违章"。

（资料来源：光明网，作者佟明彪，2022-09-26，有改动）

（三）弘扬精益求精的精神

精益求精是指对学问、技艺等追求更好的态度。一个人若想在自己所从事的行业中有所成就，就要以精益求精的态度对待工作，将自己负责的所有工作都做到最好，这样才能不断提高工作质量和效率，进而为自己赢得加薪和晋升的机会。

具体来说，要做到精益求精，须有以下四心：一是用心，即认真做好每一件事；二是细心，即注意工作中的细节，及时发现不足并改进；三是耐心，即坚持不懈地做好、做透、做实每一件事，用足够的耐心来面对工作；四是匠心，即用高标准、严要求对待工作，对工作充满热情。

目前，大学生还处于学习专业技能的阶段，精益求精的精神主要体现在学习中，即要求大学生深入学习本专业的知识和技能，并通过不断地总结实践的经验和教训，使自己的学业水平和专业技能不断提高。同时，随着社会的发展和科技的进步，大学生还应该及时了解自己想要从事的职业的发展动态，不断完善自身的专业技能。

📋 课堂活动

"差不多"是人们平时常说的一句口头语。很多人在学习上一知半解、浅尝辄止；在工作中只求过得去，不求过得硬；在生活中粗心大意、随意邋遢；等等。这些其实都是"差不多"心理使然。一个"差不多"看似没有什么大碍，但是若干个"差不多"集中起来，就会导致"差很多"。

请思考："差不多"心态有哪些危害？请你说一说如何改变这种心态。

 探索与训练

一、课后交流——不一样的态度，不一样的结果

材料

三个工人在和水泥。有个人走过来，问道："你们准备做什么？"

第一个工人不耐烦地回答道："我们要砌一堵墙。"

第二个工人抬头笑了笑，说："我们要盖一座高楼！"

第三个工人边干活儿边哼着小曲儿，开心地回答说："我们正准备建设一座新的城市。"

十年后，第一个工人还在工地砌墙；第二个工人成了一名工程师，坐在办公室里绘图；第三个工人开了一家建筑公司，成了前两个工人的老板。

请思考

在同一个岗位上，不同的人有不同的表现。为什么第一个工人在十年后还在砌墙？而第三个工人却能够成为一名老板，取得事业上的成功？这个小故事对你有怎样的启发？

请学生每3～5人一组，结合爱岗敬业的相关内容进行分析和讨论。讨论结束后，每组选一位代表讲述讨论的过程和内容。

二、感悟工匠精神——寻找身边的爱岗敬业榜样

也许他是你尊敬的老师或长辈，也许他是在普通的工作岗位上默默付出的打工人，也许他只是与你擦肩而过的陌生人……在我们的生活中，只要留心观察，就一定能找到很多爱岗敬业榜样。请同学们进行一次爱岗敬业榜样大搜索活动，寻找生活中的爱岗敬业榜样。

活动要求

（1）每名学生至少找到一名爱岗敬业榜样，收集爱岗敬业榜样的优秀事迹，并简单地写成文字材料。

（2）教师请学生讲述爱岗敬业榜样的故事，并一起整理所有的文字材料。

（3）教师组织全体学生交流和讨论，然后总结这些爱岗敬业榜样都有哪些共同的优秀品质，并号召全体同学向这些榜样学习。

三、提升自我——测测你的敬业程度

本测试是用来测试个人敬业指数的。请根据表 2-1 的题目，在"不同意""不太同意"和"同意"三个选项中，选择适合自己的一项并画"√"。

测试题目

表 2-1　敬业程度测试表

序号	题目	不同意	不太同意	同意
1	不做任何有损公司名誉的事情			
2	愿意提出对公司有利的意见或方法，不论能否得到相应的报酬			
3	凡是与工作有关的事情，都会注意保密			
4	在工作的同时注意自己的健康			
5	愿意接受更繁重的任务，承担更多的责任			
6	不拿公司的"一针一线"			
7	在规定的休息时间结束后，立即返回工作场所			
8	看到有人违反公司规定时，立即向公司领导反映			
9	上班时间不早退			
10	在促进公司商业利益的场合中能积极表现			
11	愿意购买本公司的产品或服务，尽量不去购买竞争者的产品或服务			
12	不论在任何场合，都会主动维护公司的利益和形象			
13	把公司的目标放在个人目标之上			
14	专心本职工作，不兼任其他工作			
15	当天没有完成的工作，会在工作时间以外加班完成			
16	不论在工作中或在工作以外，都会避免采取任何削弱公司竞争地位的行动			
17	凡是有利于公司发展的行为都会赞成			
18	为了保证工作效率，尽力做到劳逸结合			
19	在工作日的任何时间内，以及工作开始之前，绝对不喝酒			
20	在业余时间，会关注与工作有关的信息			

测试结果

（1）如果"不同意"的项目在 6 个以上，表明你的敬业程度较低，需要好好反思自己的工作态度。

（2）如果"不同意"的项目有 3～5 个，表明你的敬业程度中等，属于无功亦无过的类型，还需要好好努力，争取更大的发展空间。

（3）如果"不同意"的项目在两个以内，表明你的敬业程度较高，如果能一直坚持下去，定会大有所为。

职业意识是指人们在特定的社会环境和职业氛围中，通过教育培养和职业岗位实践形成的，对即将从事的和正在从事的职业的认识、看法及其在从业中表现出的情感、态度、意志和品质。它能反映出一个人对职业的根本看法和态度，是职业认知与职业行为的结合。

良好的职业意识能够帮助大学生在将来的就业、择业和职业活动中更好地发挥自己的能力，为大学生从普通的"社会人"转变为有价值的"职业人"奠定坚实的基础，使大学生能够更好地适应职场环境、面对职业挑战。

职
业
意
识
篇

模块三　职业责任

 学习清单

每完成一项学习任务，就在对应的方框中打钩。

任务进程	序号	任务内容	是否完成
课前预习	1	搜集 3 则有关责任心的故事，并写下读完这些故事后的感想和收获	☐
	2	搜集"最美人物"新闻报道，感受"最美人物"身上的责任之美	☐
课中学习	3	阅读"典型案例"中的案例，并回答案例后的思考题	☐
	4	掌握责任与责任意识的内涵	☐
	5	熟悉责任与能力的关系，理解责任为什么重于能力	☐
	6	明确责任意识的培养途径，了解责任意识的重要性	☐
课后复习	7	试着对课前观看的"最美人物"新闻报道进行分析，说一说他们身上的哪些品质值得大学生去学习	☐
	8	利用闲暇时间，为自己身边的人做一件力所能及的事，做事时要注意观察身边人当时的言谈举止及表情，并用文字记录下自己当时的感受	☐

典型案例

责任与担当——不同的选择，不同的结果

受经济下行影响，某公司近期需要裁员。内勤部的小灿和小言都收到了公司内部邮件，被告知她们在裁员名单上，需一周后离岗，工资在一周后按照实际工作天数结算。

得知自己将要被裁员后，小灿和小言的心情都非常低落。有些和她俩要好的同事知道后，都过来安慰她们。可是，小灿不但不领情，还认为同事肯定都在背后嘲笑她，于是把同事都赶走了，然后一个人难过地哭了出来。小言虽然也很难过，但还是很快控制住了自己的情绪，微笑着向同事们道谢。

距离离职还有一周的时间，小灿和小言需要与同事们进行工作交接。她俩平时的工作很简单，很快就把工作交接完了。之后，小灿觉得自己反正马上就要离职了，工作能少做就少做，于是开始懒懒散散地趴在办公桌上浏览网页。有同事想要找她帮忙时，她就以自己马上离职为由推脱。

小言交接完工作后，虽然没有领到新的工作任务，但是小言觉得，只要自己在岗一天，就应该对工作认真负责。因此，小言调整好情绪后，主动找到同事，帮助他们做一些零碎的工作。部门主管看到小言还在兢兢业业地工作，干脆把手里的一份急用材料交给小言去处理。小言接到任务后，还是和往常一样，认认真真地对材料进行打印、整理、核实，很快就完成了任务。

到了离职那天，小灿结算完自己的工资，收拾好东西离开了。而小言却被主管通知不用离职，并接到了新的工作任务。小言感到诧异的同时非常开心，同事们也都高兴地祝贺她。有同事问主管，为什么小灿走了，而小言却留了下来。主管笑着说："小言的岗位是谁也无法代替的，像她这样的员工，公司永远也不会嫌多！"

请思考　　为什么小灿走了，小言却被留下？小言在工作中表现出了怎样的优秀品质？

一、责任与责任意识

（一）责任

责任是指实践主体应该担当的行为后果。责任的内涵包括两个方面：一是指个体分内应做的事，如职责、岗位责任等；二是指没有做好分内应做的事而应当承担的不利后果或强制性义务，如赔偿责任、侵权责任、违约责任等。

责任随着人的社会角色不同而不同。从事不同职业的人有着不同的责任，如教师的责任是教书育人，医生的责任是救死扶伤，军人的责任是保家卫国，法官的责任是秉公执法等。只有每个人都认真地承担起自己所应当承担的责任，社会才能和谐运转、持续发展。

（二）责任意识

责任意识也称责任心或责任感，是指一个人能认清自身角色所需要承担的责任，并能自觉履行责任、承担行为后果的自我意识和自觉程度。它是一种自我约束的价值取向。这种约束限定了一个人应该怎么做、不应该怎么做，明确了个人生活、工作、处事的原则，确定了个人劳动付出、创造绩效、奉献社会的途径。它是一个人立足社会、获得事业成功和家庭幸福的至关重要的道德品质。

责任意识是一个人应该具备的基本素养，是健全人格的基础。一个人，只有尽到对父母的责任，才是好子女；只有尽到对国家的责任，才是好公民；只有尽到对下属的责任，才是好领导；只有尽到对公司的责任，才是好员工……有责任意识，再危险的工作也能降低风险；没有责任意识，再安全的岗位也会出现险情。对于承担不同社会角色的人来说，他们必须具有一定的责任意识并认真履行自己的职责，才能保证个人的健康成长，保证家庭的幸福美满、企业的稳步发展，进而保证社会的和谐与稳定。

二、责任意识的作用

（一）激发个人潜能

每个人都具有巨大的潜能。如果想充分发挥自己的潜能，就必须以最佳的精神状态和负责的态度投入工作中，这就需要个人具备良好的责任意识。一个有强烈责任感的人，对待工作尽心尽力、一丝不苟，在遇到困难时也不会轻言放弃，往往会激发出巨大的潜能，从而促使个人进步。相反，责任意识淡薄的人，在工作中总是得过且过、拖拖拉拉，其潜能也不可能被激发出来。

（二）促进个人成功

在职场生活中，个人责任意识，不仅会影响其工作绩效，而且会影响其职业前途。那些责任意识强的员工，将会更容易得到组织的认可和升迁的机会。上海交通大学曾经对用人单位做过的一项调查显示，在用人单位最看重的毕业生的 20 项素质中，排在第一位的就是毕业生是否具有责任意识。一项对世界 500 强企业的调查也表明，大多数企业都会把责任意识作为对员工的第一考核标准和价值观要求。

扫一扫

责任胜于能力的故事

葛军：天路上最美乡邮员

唐古拉山镇是格尔木市下辖的一个镇，地处青海省西南端的长江源地区，是青藏线上的重要驿站之一，距格尔木市区 425 公里，平均海拔 4 700 米以上，被称为"世界上海拔最高的镇"。常年工作生活在这里的军民采购生活必需品极为不便，常常需要托人到几百公里外的格尔木市才能买到。青海邮政开通了格尔木市至唐古拉山镇的邮路后，这条建立在雪域高原的"绿色补给线"，极大地方便了沿线军民的工作和生活，被当地军民亲切地称为"鸿雁天路"。

而邮件投递员葛军就是这条"天路"上的"鸿雁"。一个人一辆车，他坚守这条雪域邮路十余载，辗转千里，为当地军民采购急需物品，用 3 000 多个日夜的坚守，书写着对邮政事业的无限热爱与赤诚，践行着作为邮政人的责任与使命。

青藏铁路三岔河大桥的武警某部在葛军负责的服务区域。想要抵达这里，一条在山崖上开凿的 150 级"天梯"是必经之路。每逢此处，葛军都要扛着一大捆邮件连同给战士捎带的物品爬上陡峭的天梯。在海拔 4 000 多米的高原上，这条看似不长的路，葛军需要休息好几次才能走完。他一只手紧紧抓住天梯一侧的铁栏，另一只手牢牢抱紧包裹，好几次险些从上面跌落下来。

从纳赤台到西大滩至昆仑山口这段路高寒缺氧，路况差。遇上冰冻层融化时，路面常常翻浆或出现大泥坑，险情随时会发生。某天，葛军驾驶邮车行至西大滩时，正好在修路，他只能改走河滩。但行车途中突降暴雨，车辆陷入泥淖之中。面对这种情况，葛军先把邮件和包裹都用防水编织袋装好，扎紧袋子，反复确认没有疏漏的地方后，拿着铁锹开始清理淤泥。齐膝的洪水夹杂着石块冲来，鞋袜冲走了，腿被划伤了，车胎也破了。多亏路过的货车司机相助，葛军才得以脱困。100公里的路程，葛军花费了6个多小时，直至深夜才到达唐古拉山镇。此时的他精疲力竭，全身所有衣服都湿透了，但邮件和包裹却没有沾到半点雨水。

在风雪弥漫的高原上，恶劣的气候和危险的处境都阻挡不了葛军前进的车轮。他凭借着邮政人的执着与顽强，与疯狂的沙尘暴赛跑，与突如其来的风霜雪雨抗争，与高海拔抗衡，一次次与死神擦肩而过，又一次次出色地完成邮运任务，履行邮运责任，践行邮运使命。

也正是因为强烈的责任心，葛军的工作被百姓和国家认可，他先后获得全国民族团结进步模范个人、全国五一劳动奖章、中国青年五四奖章、第四届全国道德模范提名奖、全国交通运输行业文明职工标兵等荣誉。

（资料来源：中国文明网，作者黄舒雅、管齐忠，2022-05-10，有改动）

三、良好责任意识的养成

责任意识不是生来就有的，它需要在理想和目标追求的指引下，通过教育、学习和实践，按照客观要求逐步建立和稳固，并自觉地维护。培养良好的责任意识，大学生应该从现阶段做起，做到以下几点。

（一）选择学习的榜样

选择学习的榜样是培养责任意识的重要途径之一。从古到今，我国涌现了许多对工作尽心尽力、认真负责的人物，他们的事迹被广为传颂。古人"一诺千金""立木为信""苏武牧羊"的故事，时传祥、焦裕禄等老一辈社会主义建设者为建设国家而在工作岗位上默默付出的先进事迹，至今都在广为流传。

在当代，桥吊工人许振超在普通岗位上创出世界一流的"振超效率"；邮递员王顺友20年如一日，在大凉山中为人民送去了温暖；公安卫士任长霞以炽热的情怀书写了执法为民的人生壮歌；导弹司令杨业功用赤胆忠心浇铸了共和国的和平之盾，还有共和国勋章的获得者于敏、申纪兰、孙家栋、李延年、张富清、袁隆平、黄旭华、屠呦呦、钟南山等，他们都是大学生学习的榜样。大学生以这些典型的人物为榜样，不仅有助于树立正确的世界观、人生观和价值观，还有助于激励自己自觉地修正不足、完善自我，从而提高自我责任意识。

（二）明确自身的责任

不同的社会角色有着不同的社会责任。明确现阶段自己所应承担的各种责任，是大学生培养责任意识的基础。

首先，大学生要对自己负责。大学生还处在学习阶段，因此树立正确的学习态度、掌握好所学知识、取得良好的学习成绩，就是大学生的基本责任。大学生要本着对自己负责的态度学习和生活，才能养成良好的责任意识，从而在将来的职业生活中充分发挥出自己的潜能，出色地完成每一项任务。

其次，大学生应认真履行对家庭、集体和他人的责任，如尊重、体贴、帮助父母，关心、照顾长辈和兄弟姐妹，尊重他人的人格和宗教信仰，与他人和睦相处、谦恭礼让，关心集体，积极参与学校、班级、社团、社区组织的各项活动等。

最后，大学生应明确对社会和国家的责任。例如，大学生要严格遵守法律法规，增强法制观念，积极承担对社会的责任；主动了解祖国的悠久文化和历史，自觉继承和弘扬优秀传统文化；具备较强的国家安全意识，树立"天下兴亡，匹夫有责"的人生信念；具备较强的国家荣誉感，捍卫国家荣誉、以祖国为荣；等等。

初心如磐向水利，匠工蕴道写人生

初春的淮河，入江水道主要控制工程万福闸仿若一条蛟龙，横卧在白波之上。一个蓝色身影穿行在工作桥上，全神贯注地检查着每一孔闸门、每一台设备。他就是千里淮河归江闸最美"守闸人"——陈宇潮，江苏省江都水利工程管理处高级技师。

会当水击三千里

生长于闻名遐迩的"江淮明珠"——江都水利枢纽，在少年陈宇潮的眼中，父辈们栉风沐雨的背影是他最熟悉的水利人形象。

23岁时，陈宇潮被分配到万福闸管理所，如愿成为一名水利"新兵"。万福闸是淮河归江的最后一道控制口门，承担着淮河中上游近三分之二的洪水安全入江的任务。陈宇潮入职时正值汛期，万福闸需要全力排泄淮河洪水。在全国先进工作者、时任万福闸管理所党支部书记张顺民的带领下,陈宇潮加入"青年突击队"。他们在倾盆暴雨中往返奔走在万福闸上,争分夺秒、齐心协力,汗水和着雨水模糊了大家的视线。65孔闸门同时开启时,淮河洪水如同猛兽般咆哮而过。陈宇潮瞬间爱上了这个在风雨中激流勇进、拼搏奋斗的集体。

在一次班组会上,28岁的张顺民摘得省泵站技能竞赛桂冠。从此,一个醒目的标杆在陈宇潮心中树立起来,给了他征战水利职业竞赛的信心和动力。

3年的沉淀,1 000多个日夜的潜心积累,万福、太平、金湾三座大型水闸,累计近10万公里的巡查,陈宇潮练就了"眼看、耳听、手摸、鼻闻"8字绝活。他凭借设备运行时声音的大小、振动的程度、温度的改变、数据的变化,就能迅速准确地判断出设备故障原因。

有标杆、有方法、有劲头、有绝招。26岁时,陈宇潮首次代表江苏省江都水利工程管理处参加省第二届闸门运行工职业技能竞赛。他凭借突出的技艺斩获特等奖,一跃成为当时全省水利系统最年轻的技师。这时正值水利经济改革发展大潮,"功成名就"的他没有躺在荣誉簿上,而是主动要求到对外服务工地一线,驻工棚、窝桥洞,两块木板就能拼凑起一张床。十年辗转大江南北,电气安装、设备检修成了他职业生涯的鲜明脚注,他在广阔的水利天地中找到了自己的诗和远方。

乱云飞渡仍从容

2018年是陈宇潮生命中非常特殊的一年。体检结果显示他的肺部毛玻璃结节出现病变,健康情况不容乐观,医生建议尽快手术。他却因担心汛期闸上人员吃紧,突发状况应急处理不好调配,跟医生商量将手术时间缓上1个月。汛期时,万福闸要24小时"三级"运行值班。作为班组长,陈宇潮始终恪尽职守、坚守岗位,没有因为病情请过一次假,直到汛后才悄悄去做了手术。

领导和同事们再三嘱咐他多休息、多疗养,他却在病假结束后立即带领团队投入万福闸加固改造机电安装技术攻关。同为水利人的妻子心疼他,却也不劝他,她知道陈宇潮只有在闸上守着机器设备、盯着项目进度才心安。最终,他坚持带病参与的万福闸加固改造工程荣获中国水利工程优质(大禹)奖。

同年,第六届全国水利行业闸门运行工职业技能竞赛正式启动。经历了层层选拔,陈宇潮顺利成为江苏省参赛种子选手。然而因为做过肺部手术,他的身体不堪高强度训练,因持续低烧继发肺部感染,甚至咳了血。心之所向,必将素履以往。43岁的他怀着不断超越自我的信念走上赛场,笔试、操作、观测、检修……扎实的理论功底、高超的实践技能、稳定的心理素养让他一骑绝尘、荣膺桂冠。

陈宇潮深深扎根在水利基层一线，在艰苦奋斗中砥砺意志，在创新突破中探索前行。以他为骨干的工匠团队积极响应水利现代化建设号召，攻坚克难、勇争前列。他们专注大中型水闸运行管理，致力解决技术攻关难题，将精细化管理模式融入基层水闸运行管理实践，探索研发江都水利枢纽万福闸分中心监控运行驾驶舱，切实保障工程安全，大力提升运行效能。整整一柜子的工作资料和笔记，5 项省级创新技改项目，两项实用新型专利，1 项国家发明专利，都是他虔心水利的最好证明。

20 多年的磨砺，从全国水利行业职业技能竞赛冠军到全国技术能手；从高技能人才培养对象到行业首席技师；从全国五一劳动奖章获得者到最美水利人，陈宇潮始终牢记一名共产党员的初心和使命，步履坚定铿锵。无论风霜雪雨、酷暑寒冬，他总是第一个到达管理所，观测水闸工程，检查电器线路，擦拭机械设备……用最平凡的工作和最质朴的生活，诠释着一位"守闸人"的责任和担当。

（资料来源：中国水利网，作者颜蔚、商梦月、周洁，2022-05-04，有改动）

（三）将责任变成习惯

责任不仅是一个理论的范畴，也是一个实践的范畴。只有通过责任实践，养成负责的行为习惯，大学生才能养成良好的责任意识，并形成稳定的心理特征和人格倾向。当责任变成一种习惯时，做事认真负责便会逐渐融入个人的生活态度中；当自觉、自愿地做事情时，个人才不会感觉到麻烦和劳累。古人云："勿以恶小而为之，勿以善小而不为。"大学生应从自身做起、从现在做起，认真地对待每一件事，高标准地要求自己。

（四）不为错误找借口

"人非圣贤，孰能无过。"每个人都会犯错。通常，人犯了错误会有两种态度：一种是拒不认错，另一种是坦诚地承认错误并勇于改正。

在职场中，人们经常会听到这样或那样的借口，它们听起来挺"合情合理"。例如，上班迟到了，会有"手表停了""闹钟没响""路上堵车"等借口；业务拓展不开，会有"制度太死""市场竞争太激烈""行业萧条"等借口。可以说，寻找借口是世界上最容易办到的事情之一，只要一个人想推卸责任，就总能找到借口。

其实，犯错并不可怕，可怕的是不敢直面自己的错误。当大学生在日常生活和工作中犯错时，应正视自己的错误，勇于承担责任并及时改正、设法补救。只有这样做，才能得到他人的信赖与认可，才有可能被赋予更多的使命，才有资格获得更多的荣誉。

（五）遇到困难不退缩

很多情况下，人们会倾向于首先解决那些容易解决的事情，而把那些有难度的事情尽可能推给别人。其实，工作中遇到问题时，应该勇于面对，积极寻找解决问题的途径。积极处理和解决问题的行动更能体现一个人的责任感、主动性和独当一面的能力。

小岛传承使命，初心诠释担当

迎着朝阳，五星红旗在开山岛升起。海风呼啸，国旗飘扬。新来的哨兵对着徐徐升起的国旗立正、敬礼。哨兵说，王继才一定也在远远地凝望着国旗，"他没有走远，也不会走远"。

王继才是江苏开山岛民兵哨所原所长、燕尾镇开山岛村原党支部书记。从 1986 年开始，他和妻子王仕花奉命守卫开山岛。在这座面积仅有 0.013 平方千米的国防战略岛上，长期没水、没电、缺衣少食，王继才和妻子自己动手修缮营房、建设哨所，坚持每天巡海岛、护航标、写日志。不论风雨雷电，王继才都和妻子一起，护送国旗走过 208 级台阶，迎着东方的鱼肚白，挥舞手臂、徐徐升旗、立正肃穆、庄严敬礼。1993 年，因工作出色，王继才守护的开山岛民兵哨所被国防部嘉奖为"以劳养武"先进单位，并获江苏省军区一类民兵哨所的美誉。

对于渔民来说，开山岛哨所是他们心中最美的风景。每次渔民远行回家，都会习惯性地抬起头，看见开山岛上的国旗，就知道家已不远。渔民们说："看到岛上的国旗，心里有了依靠，就踏实了。"这样走过 32 年后，2018 年 7 月 27 日，王继才在执勤期间突发疾病，经抢救无效去世，年仅 59 岁。

王继才 32 年如一日地排除困难、坚守孤岛、为国戍海的事迹感动了无数人。王继才是个再平凡不过的人，但他并不平庸。他将孤独、枯燥、清苦的日子过出了价值；他忠于信仰、不忘初心，谱写了壮丽的人生篇章。

2019 年 2 月 18 日，王继才获得"感动中国 2018 年度人物"荣誉。2019 年 9 月 17 日，王继才又被授予"人民楷模"国家荣誉称号。王继才虽然再也无法抚摸五星红旗，但是他为国守岛 32 年，把人生最美好的年华都无私奉献给了国防和海防事业，有力捍卫了国家利益。他用一生的行动践行了使命担当，用无悔的坚守诠释了爱国奉献。

（资料来源：江南时报网，作者顾浩，2023-04-12，有改动）

探索与训练

一、材料分析——谁交出了实干担当的最好答卷？

◄ 材料 ►

一家电脑销售公司的老板吩咐三位员工去供货商那里调查供货情况。

第一位员工没有去供货商那里调查，而是找到同事，向他们了解本公司之前采购电脑的具体情况，然后将所了解到的情况进行汇总，便急匆匆地去向老板报告。

第二位员工用一上午的时间跑了三家供货商，分别对三家供货商的电脑配货情况做了调查和记录，然后向老板做了报告。

第三位员工用了一整天的时间，跑了市里所有能找到的供货商。他对这些供货商的供货渠道、产品状况、销售情况等都做了调查和记录，还列出了一个详细的表格，对这些供货商的产品做了详细的比较，并在最后制订了一个采购方案。当他把自己的调查方案给老板的时候，老板大加赞赏，当场奖励了他。

◄ 请思考 ►

（1）从责任意识的角度，说一说案例中第三位员工的责任意识体现在哪些方面？

（2）在生活中，如何培养自己的责任意识？请谈一谈你的想法。

二、辩论赛——责任与能力，哪个更重要？

请学生以"能力与责任哪个更重要"为题进行一场辩论赛。

◄ 活动目的 ►

深入思考、探讨和辨析责任与能力两个方面对个人发展的重要性，并最终形成对责任与能力的理性认识。

活动流程

（1）人员安排。① 学生自愿报名参加；② 在报名学生中选出正方与反方各四名辩手，主持人、计时员、记录员各一名；③ 教师与其他学生为评判团成员，负责为各辩手的表现打分。

（2）正方观点为"责任胜于能力"，反方观点为"能力胜于责任"。

（3）比赛设置"选手发言"与"自由辩论"两个环节。其中，"选手发言"环节为每人 3 分钟，选手可以自由阐述观点；"自由辩论"总计 20 分钟，双方每次发言限时 1 分钟。

（4）比赛结束后，由评判团给各位辩手打分，评选出正方与反方"最佳辩手"各一名。

模块四　职业心态

 学习清单

每完成一项学习任务，就在对应的方框中打钩。

任务进程	序号	任务内容	是否完成
课前预习	1	采访 3 位不同行业的职场人士，了解他们的职业心态，并做好记录	☐
	2	试着分析这 3 位职场人士所具备的职业心态中哪些是积极健康的	☐
	3	根据采访情况，试着分析职业心态是否会影响一个人的职业生涯发展	☐
课中学习	4	阅读"典型案例"中的案例，并思考案例后的思考题	☐
	5	理解职业心态的内涵，了解职业心态的重要性	☐
	6	认识大学生应具备的职业心态，掌握培养良好职业心态的方法	☐
课后复习	7	搜集两篇关于职业心态的国学故事，并对故事中的人物所具备的心态进行简要的分析	☐
	8	查找并观看几个介绍职场成功人士的视频，试着分析他们在职业心态方面有哪些共同点	☐

典型案例

养成健康心态，享受职业人生——频繁跳槽引发的思考

小刘在大学里的成绩和表现都很普通，毕业后去了一家软件公司，做了一名普通的销售员。在公司工作两年后，小刘的工作看起来并没有什么起色，而之前和他在学校里要好的一个同学却在工作两年后，跳槽到了一家世界500强企业，薪水涨了好几倍。看着同学一下子变成了"成功人士"，小刘不禁感叹"怎么自己就没有这么好的机遇"。他越比较，心里越不平衡，开始不甘心在小公司工作，不甘心现在拿的薪水。于是，他毅然辞掉了工作，开始寻找更好的发展机遇。月薪低，不去；级别低，不去；头衔不好听，也不去……小刘在辞职后的三个多月时间里，频繁投放求职简历，还是没有找到自己理想中的工作。

小吴是一所名牌大学的毕业生。他在学校是有名的"才子"，可他工作后发现，自己不再"吃香"了。他在工作的第一个月，每天只能做些接电话和跑腿的杂事。小吴认为，虽然自己是新人，但是自己的能力也不差，每天做这些琐碎的工作与自己的学历和能力并不相符。而且，他也想参与一些具体的项目策划工作，尽快提升自己。小吴向公司领导表达了自己的意愿，可领导只是让他把手头的工作先做好，以后会有机会接触策划工作。小吴非常沮丧，思虑再三，最终放弃了现在的工作，投身到了茫茫的求职大军中去。

像小刘和小吴这样，因对薪酬和工作不满意而跳槽的职场新人越来越多。对于职场新人眼高手低、频繁跳槽的现象，一家招聘网站的高管表示："高楼大厦是从打地基开始的。"他认为，职场和学校是两个完全不同的环境，初涉职场，每个大学生都是摸着石头过河，在不断地摸索中寻找跳跃的机会，因此，职场态度非常重要。"千里之行，始于足下。不管自己处于一个怎样的基层岗位，都应该好好珍惜。只有在积累了足够的经验的基础上，才有可能拥有更大的平台。"

 请思考 什么是职业心态？大学生应该如何培养良好的职业心态？

一、职业心态的内涵

职业心态是指职业人根据职业需求，在职业活动中所表露出来的心理情感。它是职业素养的重要体现，对个体的职业化程度，如职业技能、职业道德、职业形象等，有着极其重要的影响。在工作中，如何正确对待同事、客户、合作伙伴，如何对待工作安排或调整，如何对待批评和荣誉等都是职业心态的外在表现。

扫一扫

职业心态的重要性

在职业生活中，职业人具有什么样的职业心态，就会有什么样的工作态度，也就在一定程度上决定了其在工作上能取得什么样的成就。一般来说，正面的、积极的职业心态，如积极、果敢、顽强、乐观、感恩等，可以帮助职业人用积极、正面的思维方式主导自己的职业活动，对职业人的职业生活发展起到一定的促进作用；而负面的、消极的职业心态，如沮丧、斤斤计较、心浮气躁等，容易使职业人在遇到困难和挫折时自暴自弃、萎靡不振，从而在组织中不断地被边缘化，最终导致其被淘汰。

二、大学生应具备的职业心态

（一）积极心态

积极心态是指个体在面对问题、困难、挫折或挑战时，能够想到其积极的或有可能成功的一面的心理倾向。

在面对生活中出现的各种不如意之事，具备积极心态的人能够联想到其中最好的、最有利的结果，相信"办法总比困难多"，并通过努力达到目标。如果大学生能在职业生活中保持积极心态，并随着外界环境的变化不断地调整自己的心态，把自身的志向、优势当作进取的动力，敢于在艰苦的环境中磨炼自己，始终以一种良好的状态朝着既定目标努力，就能够取得事半功倍的效果。

榜 样 人 物

笑对漂泊生活：沪苏湖铁路一线的"夫妻档"

2022年2月3日，农历大年初三，位于浙江省湖州市的中铁三局沪苏湖铁路站前一标项目桥梁二分部施工现场，已是一片热火朝天的景象。在离地面几十米高的工地上，来自贵州省遵义市的一线工人陈开潜与妻子赵建平正有序开展工作，脚步匆匆却目光坚毅。

年过50的陈开潜已经和妻子在铁路一线工作了将近20个年头。对于他来说，选择铁路行业，不仅仅是因为生存。"这份工作虽然辛苦，但一想到是为了国家的铁路建设做贡献，再辛苦也值得。"看到自己参与建设的一条条铁路顺利通车，陈开潜夫妻俩心里的自豪感与成就感无以言表。对于他们来说，工地的日子艰苦而忙碌，但也充实满足。

沪苏湖铁路是长三角城际轨道交通网中的骨干线路。自该铁路开工以来，陈开潜夫妻俩就奋战在建设一线。即使是春节假期，他们仍选择坚守岗位，就地过年。

"不能回家虽然有遗憾，但是项目上也有暖心的关怀和工友的陪伴。除夕夜，我们和几十个就地过年的工友一起包饺子、吃年夜饭、看春晚，很热闹，就地过年也过得有滋有味。"陈开潜说。

已经连续两年没回家过年的陈开潜夫妻，平时抽不出时间回家看望父母和孩子。"虽然没办法陪伴在家人身边，但我们也收获着别样的风景。而且多年的漂泊生活，也铸就了我们乐观、坚强的性格，让我们在面对困难时能更加百折不挠，对生活也更懂得珍惜和感恩。"赵建平说。

"夫妻同心、其利断金。"这对长期驻扎在铁路施工一线的"夫妻档"，默默挥洒着智慧和汗水，以积极乐观的工作状态和扎实苦干的工作作风，为中国的铁路事业奉献着自己的青春与力量。

（资料来源：中国新闻网，作者施紫楠，2022-02-03，有改动）

（二）空杯心态

扫一扫

为什么要有空杯心态

空杯心态是一种归零、谦虚的心态，也是一种吐故纳新的能力。保持空杯心态就是要学会将过去归零，积极融入新环境、新工作，发现新事物。

人们常说："活到老，学到老。"在科技飞速发展的今天，知识更新不断加快，如果不虚心学习新的知识和方法，即使原来的专业知识很扎实，也一样会被社会的进步潮流所淘汰。因此，大学生不管做任何事情，都应该抱着空杯心态，将每一次任务都视为一个新的开始或新的体验，像大海一样把自己放在最低点去吸纳百川，从而不断督促自己进步。

哲思寓理

溢出的茶水

古时候，有个文人自以为佛学造诣很深。一次，他听说某个寺庙里有一位德高望重的老禅师，于是便前去拜访。

老禅师的徒弟先接待了他，他态度非常傲慢。随后，老禅师在一间雅舍接待了他。文人见老禅师衣着和外貌没有什么过人的地方，不禁有些轻视。还不等老禅师开口，文人就开始喋喋不休地说自己的观点。老禅师静静听着没有说话，还很礼貌地为文人沏茶。可是，茶杯已经满了，老禅师还没有停下来的迹象。文人正说着，看见茶水开始流出来，不禁着急地喊道："满了，满了！茶水要溢出来了！"接着，文人不解地问老禅师："大师，为什么茶杯已经满了，您还继续往里面倒茶水呢？"老禅师这才停下，不慌不忙地回答道："你的心就像这只盛满了茶水的杯子，再也容不下半点东西了。这又如何让我同你说禅呢？"

这个故事告诉我们：如果想要学到更多的学问和经验，就应当把自己想象成"一个空着的杯子"，不能骄傲自满，而是应当谦虚求教，不断学习。

（资料来源：搜狐网，2020-10-15，有改动）

（三）感恩心态

感恩是一种处世哲学，也是生活中的大智慧。一个懂得感恩的人，不会为自己没有的东西斤斤计较，也不会一味索取而使自己的私欲膨胀，而是愿意感恩生活给予自己的一切。

在职业生活中，也同样需要抱有感恩的心态。有人认为，工作是等价交换，因此谈不上感恩。殊不知，这种心态会影响到工作的成效及个人前途。只有抱着感恩的心态，承认并接受"为组织工作的同时，也是在为自己工作"这一职业理念，才能将手中的事情做好，从而获得丰厚的回报。同时，每个职业人在工作中都难免会遇到困难和挫折。常怀感恩之心可以帮助职业人换一个角度去看待工作中的困难与挫折，使自己永远保持健康的心态和进取的信念。

在成长过程中，大学生受到过许许多多的恩泽，如国家的培养、大自然的给予、父母的养育、师长的教诲、亲友的关爱、他人的服务、陷入困境时好心人的救助等。大学生只有学会感恩，并懂得回馈他人，才能真正体验到学习、生活和工作中的快乐。

 榜样人物

孝老爱亲，背着养母去上学——"中国大学生年度人物"孙玉晴

孙玉晴，女，汉族，中共党员，西北工业大学英语语言文学专业 2016 级硕士研究生。1991 年，出生不到一个月的孙玉晴被遗弃在湖北省随州市火车站，养父母捡到了她。从此，孙玉晴与年过六旬的养父母相依为命。

孙玉晴的养父是一名小学教师，收入不高，养母通过卖锅盔、冰棒等小零食挣钱补贴家用。在孙玉晴的印象里，养父母非常节俭，他们经常将家里的废品攒起来卖钱，然后给她改善伙食、买学习用品。孙玉晴知道养父母不容易，所以从来不提过分的要求，还会在学习之余帮助养父母做一些力所能及的事情——从小学到初中，无论酷暑还是寒冬，无论刮风还是下雨，她每天放学的第一件事就是拿好袋子跟养母一起去捡拾废品。

孙玉晴上高中时，养父瘫痪在床，养母身体不好。孙玉晴一边学习，一边照顾养父和养母。为养父母做饭、洗脚、洗衣服、捶背，都是孙玉晴最开心的事，她努力用自己瘦弱的肩膀守护着这个温暖无比的家。2010 年，孙玉晴的养父病情加重。在弥留之际，养父叮嘱当时正在上高三的孙玉晴一定要好好学习，考上大学，孙玉晴听了后泣不成声。养父去世后，养母的身体也每况愈下，孙玉晴凭借着坚强的意志很快振作起来，继续担负起家庭的重任。

在艰难的生活中，孙雨晴时刻谨记养父的教诲，刻苦学习。2010 年 9 月，她顺利考取湖北文理学院外国语学院应用英语专业，专科学习三年。2013 年，她又通过专升本考试，顺利考取湖北文理学院外国语学院英语翻译专业，本科学习两年。在大学里，孙玉晴勤工俭学，在食堂卖过饭、洗过碗；周末兼职做过销售、服务员、翻译、家教等，用赚来的钱支付学费、照顾养母。

孙玉晴在勤工俭学的同时，也一直坚守着梦想。2016 年，孙玉晴又考取西北工业大学外国语学院的研究生。当时，养母已是 76 岁高龄，身体大不如前。她用奖学金陪养母游了一次北京，并毅然决定带着养母上学。在她看来，养母在哪里，哪里就是家。千里迢迢，从湖北到陕西，孙玉晴用自己的行动诠释了什么是责任、什么叫感恩。研究生期间，她为养母做一日三餐，所有的家务一人承担。由于养母精神状况一直不好，孙玉晴经常得半夜起床照顾养母，还有好几次半夜骑着自行车去找偷偷跑出去的养母……面对养母的各种突发状况，她总是默默地应对，用尽全力尽自己的孝心。

所谓"天行健，君子以自强不息；地势坤，君子以厚德载物"，何为自强不息，何为厚德载物，孙玉晴给了我们答案。她说，在新的学习历程中，她依然会照顾好养母；不忘初心，继续前行，力争学有所成，实现理想。

孝之道，为人之本。孙玉晴自立自强、乐观向上、孝老爱亲的事迹，获得了多家主流媒体的关注，在社会上引起了强烈的反响。为了表彰孙玉晴的先进事迹，孙玉晴被授予第十二届"中国大学生年度人物"和"2016 年中国大学生自强之星"称号。孙玉晴是新时代青年学生敢于担当、知责感恩的典范，她身上体现出的知责感恩、孝老爱亲、自强不息、勤奋上进、勇敢坚定的精神，值得当代大学生认真学习。

（资料来源：中国大学生在线，2017-04-20，有改动）

三、良好职业心态的培养

（一）避免浮躁

何谓浮躁？浮者，无根也；躁者，不静也。当前有部分大学生非常浮躁，表现在学习上，则为不求甚解；体现在性情上，则显情绪易喜、易悲、易烦、易怒；等等。浮躁的心态容易使大学生好高骛远、随波逐流，对学习、生活，甚至将来的职业生活都有非常负面的影响。

具体来说，为避免出现浮躁心态，大学生可以从以下几点着手。

（1）要用严谨的态度生活和学习，做任何事情都要有计划、有条理，并做到认真、细致。

（2）要有主人翁意识，要认识到自己是社会大家庭中不可或缺的一分子，与同学、老师、亲人互帮互助。

（3）要有紧迫感，改掉拖拖拉拉的作风，摒弃"多干多错、少干少错、不干不错""不求无功、但求无过"等错误的想法。

（4）学会在学习和工作中寻找乐趣。在长期的学习和工作中，大学生难免会觉得枯燥、厌烦。这时不妨先停下来，做一些自己感兴趣的事情，在调整好情绪后再继续学习或工作。

（二）学会控制情绪

在生活和工作中，每个人都会遇到烦恼。那些不能很好地控制自己情绪的大学生，在遇到事情时容易激动、焦躁或极端化。如果这种情况不能得到有效改善，大学生在走入职场后，往往易受到他人的排挤或冷落，对其职业生涯产生一些不良影响。

要想学会控制情绪，大学生首先需要完善自我，加强自我管理意识，主动把专业学习与职业规划结合起来，自省自励。其次，大学生应学会自我激励。在每次遇到挫折和困难时，通过自我激励快速走出负面情绪，以积极的心态面对现实，就能使事情向着积极的方向发展。最后，大学生需要学会合理表达自己的情绪。在遇到挫折和困难时，积极与人沟通，通过改变认知、合理宣泄等方法进行自我鼓励，将自身的冲动、抑郁、焦虑、自卑等不良情绪遗忘或转移，进而获得力量。

职 场 故 事

情绪失控因小失大，苍蝇击败"世界冠军"

1965 年 9 月 7 日，世界台球冠军争夺赛在纽约举行。路易斯·福克斯成绩远远领先于对手，只要正常发挥便可登上冠军宝座。然而，正当他准备全力以赴拿下比赛时，一只苍蝇落在主球上。路易斯没有在意，挥手赶走苍蝇后俯身准备击球。可当他的目光落到主球上时，这只可恶的苍蝇又落到了主球上，他又挥了挥手赶跑了它，这时观众席上传出了一阵笑声。正当路易斯俯身再次准备击球的时候，这只苍蝇好像故意要和他作对似的，又落在了主球上。路易斯和苍蝇之间的周旋惹得现场的观众笑得前仰后合。此时，路易斯的情绪恶劣到了极点，他愤怒地用球杆去击打苍蝇，一不小心球杆碰到了主球，裁判判他击球，他失去了一轮机会。本以为败局已定的竞争对手见状，信心大增，连连过关；而路易斯在极度愤怒与懊恼情绪的作用下，接连失利，最终被对手反超，与世界冠军擦身而过。

（资料来源：搜狐网，2020-07-07，有改动）

（三）处理好人际关系

良好的人际关系可以帮助个人保持一个较为稳定和良好的心理状态，从而更好地生活和工作。大学是人际关系走向社会化的一个重要转折时期。在学校里，大学生需要处理各个方面的人际关系，如师生关系、同学关系、同乡关系，以及个人与班级、学校之间的关系等。面对不同的人际关系，如果大学生不能很好地处理，往往会影响其心态。

那么，大学生应如何处理好人际关系呢？

首先，大学生应当提高自身素质。人与人的交往，是思想、能力、知识及心理的整体作用，任何一方面有所欠缺都会影响人际关系的质量。因此，大学生应积极提高自身素质，培养真诚、信任、自信、热情等良好的个人品质，以积极的态度与他人交往。

其次，大学生要懂得运用一些实用的交际技巧。例如，与同学产生矛盾时，进行换位思考，站在对方立场上思考问题，从而找到解决办法；学会适度地赞美他人，释放出自己的善意，从而增进彼此之间的交流；主动与他人交谈，积极拉进自己与周围人之间的关系；积极帮助他人、主动参加集体活动和社会实践；等等。

探索与训练

一、课后讨论——大学生应避免哪些不良心态？

活动目的

以"大学生应避免哪些不良心态"为题进行课堂讨论，了解培养良好职业心态的重要性。

活动流程

（1）每5～8人一组。各组设组长一名，记录员一名，组长明确讨论方向。

（2）组内讨论。组员依次发言，每人发言时间不超过 2 分钟。记录员控制发言时间并记录发言内容。

（3）发言完毕后，组长与组员共同讨论，得出简要结论。

（4）各组组长在课堂上陈述自己小组的结论，并进行简要的说明。

（5）教师组织全班学生对讨论过程中的焦点问题进行进一步讨论。

二、提升自我——理性看待自我，做心态的主人

请认真思考，在下面横线上写下你最欣赏自己的方面和最需要提高的方面。

（1）我最欣赏自己的方面。

外表：_____。

性格：_____。

对朋友的态度：_____。

对家人的态度：_____。

做事的态度：_____。

对学习的态度：_____。

对成功的态度：_____。

（2）我还需要提高的方面。

做事的态度：_____。

对学习的态度：_____。

对失败的态度：_____。

对将来职业规划的态度：_____。

三、材料分析——一切清零，才能面向未来

有三个人到一家建筑公司应聘，并在众多的应聘者中脱颖而出。最后，人力资源部经理带他们来到一处工地，让他们把地上各自面前散落的砖头码成方垛。

前两个人非常不满，他们问经理："我们应聘的是设计师，为什么让我们码砖头？我们又不是来应聘建筑工人的。"第三个人却什么也没说，默默低头开始干活。经理没有回答前两个人的问题，只是笑了笑后便离开了。前两个人看经理没有回答，只能随着第三个人一起码砖头。

到了中午，前两个人因为总是找理由休息，没有认真干活儿，所以只完成了三分之一。而第三个人则按时完成了任务。这时，经理又回到了工地上，宣布录取第三个人，前两个人则被淘汰了。

请讨论

前两个人为什么没有被聘用？如果你遇到这种情况，你会怎么做？

职业行为习惯是指个人在职业环境中形成的一种稳定的行为模式。良好的职业行为习惯是一个人在职场上获得成功的基础。此外，一个人在职业场合的言谈举止、行事作风不只关系到个人形象，还与其所在单位的利益有着密切的联系。大学生应及早养成良好的职业行为习惯，为自己未来事业的成功奠定基础。

模块五　自我管理

学习清单

每完成一项学习任务，就在对应的方框中打钩。

任务进程	序号	任务内容	是否完成
课前预习	1	思考自己在日常生活和学习中是如何进行自我管理的	☐
	2	试着分析自己在自我管理方面存在的问题	☐
	3	搜集 3 则成功人士的案例，并尝试分析他们是如何进行自我管理的	☐
课中学习	4	阅读"典型案例"中的案例，并回答案例后的思考题	☐
	5	了解时间管理的内涵，熟悉时间管理的陷阱，掌握时间管理的 4 种策略，并能在日常学习和生活中高效地管理时间	☐
	6	认识自我效能，了解影响自我效能的因素，掌握提升自我效能的策略	☐
	7	了解情绪的内涵，认识情绪对个体的影响，并掌握情绪管理的方法	☐
课后复习	8	设计一份自我管理评价表，对自我管理能力进行全面、客观的评价	☐
	9	将自己的自我管理评价表与同班同学的自我管理评价表进行对比，并对存在的差异进行分析	☐

 **典型案例**

惜时如金，做好时间管理——"伪加班"现象调查带来的启示

职业人愈发频繁的加班和随之出现的过劳现象一直都是社会关注的话题。然而，《中国职业人时间管理报告》显示，近三成过劳现象的元凶竟是"伪加班"。也就是说，很多加班本是可以避免的。那么，为什么会出现这种现象呢？

调研人员对多家公司的1 000多名职业人进行了调查，在被问及"是否需要经常加班"时，72%的参与调研者给出了"是"的答案。在具体加班原因中，"工作任务重、时间紧"当仁不让地排名第一。而排名第二到第四位的加班原因，基层职业人和管理层职业人分别给出了不同的答案。

基层职业人：

（1）12%的人是因为上班时长时间聊天、刷网页，快下班时才开始忙工作。

（2）11%的人是因为对工作进度判断失误，总认为时间还够用，不急。

（3）8%的人是因为忙了半天，却发现最紧要的事没做。

管理层职业人：

（1）10%的人是因为下属交出的工作成果不理想，只能返工。

（2）9%的人是因为下属不主动汇报工作，询问进度时才发现已滞后。

（3）8%的人是因为团队中总有"问题分子"，与之合作时一定会出状况。

综合基层与管理层的加班理由可见：因各种情况而"伪加班"的人占参与调研者的27%～31%，而造成这种结果的原因有拖延、时间规划不合理、没有制定适当的工作目标等。

 请思考　作为一名大学生，你认为自己在现阶段应养成哪些良好的习惯，以为将来踏入职场做好准备？你对自我管理有哪些看法？

一、学会时间管理

（一）时间管理的内涵

时间管理是指运用一定的技巧、方法或工具，规划、管理自己的工作和生活，合理、有效地利用可支配的时间，从而实现既定目标的过程。

时间管理是每个职业人必须具备的一种重要能力，也是管理好其他事情的前提。对职业人来说，如何选择、调整一段时间里要做的事情是时间管理的关键。职业人如果能科学地分析时间、利用时间、管理时间及节约时间，就能有效地安排自己的工作，从而在有限的时间里最大化地创造价值。

时间管理理念的发展

时间总是在不断地流逝的，如果能合理安排时间，人们在一天之内就可以做更多的事情。随着人们对时间管理的认识越来越深刻，其时间管理理念也在不断地演进。

第一代时间管理研究者认为，人们应该利用备忘录、便利贴等工具帮助自己规划和调配时间，以做到事事都井然有序。

第二代时间管理研究者认为，日历、月历及日程表对于管理时间是非常重要的。通过在日历和月历中设定每项任务的完成时间，人们可以养成合理规划工作任务的良好习惯。通过在日程表中明确规定每日的工作量，人们可以带着紧迫感去完成每项工作，从而提高单位时间的工作效率。

第三代时间管理研究者重点研究的是"什么事情应该花时间去做"的问题。他们认为，人们应当按照重要程度和紧急程度将需要完成的任务划分等级，然后根据每项任务的轻重缓急设定短期、中期、长期目标，这样才能使自己的时间价值最大化。

第四代时间管理研究者认为，时间管理的本质是管理好自己，人们只有将管理的重点放在自身发展上，将时间管理与自身发展融合在一起，才能更好地利用时间。

上述四种时间管理理念都有可取之处，每个人都需要在实践过程中找出最适合自己的时间管理方式，并坚持下去，最终养成良好的时间管理习惯。

（资料来源：简书，2020-11-22，有改动）

（二）时间管理陷阱

时间管理陷阱是指导致时间浪费的各种因素。总的来说，职场中常见的时间管理陷阱有以下几种。

1. 拖延

拖延是导致时间浪费的主要原因。在职场中，很多职业人都有拖延行为。例如，能提前完成的任务，总是临近截止时间才会去做；将今天应该做完的事情推到明天去做；等等。"明日复明日，明日何其多。我生待明日，万事成蹉跎。"这首人们耳熟能详的《明日歌》（明代诗人钱福所作），形象地刻画了拖延的后果。经常拖延，必然会导致职业人的执行力变弱，进而导致无法按时完成任务、团队合作效率降低等后果。

 视野纵横

拖延的成因及对策

很多人都有拖延的问题。那么，造成拖延的原因是什么？又该如何克服拖延呢？

缺乏明确的目标

有的人拖延是因为每天得过且过，缺乏明确的目标。要想改掉由此造成的拖延毛病，我们就应设定明确的目标，并对未来有清晰的构想。

计划不足

有的人做事时缺乏周详的计划，总认为时间还有很多，于是在行动上屡屡拖延。要想改掉由此引发的拖延，我们可以在开始某件事情之前就进行周密的计划，尽量把可能发生的情况考虑到计划之内。

不善于利用有限的时间

有的人虽然每天都忙忙碌碌，但工作却总是不见成效。长此以往，就会对工作产生厌烦情绪，开始拖延。产生此类现象的根本原因是其不善于利用有限的时间做事。为了更好地利用时间，提高工作效率，我们可以将一天分为几个时间段。一般来说，上午头脑清醒，特别是第一个小时是效率最高的时候，可以将一些难度大而重要的工作安排在这一时间段。下午比较困倦时，可以做一些不太需要动脑筋的工作。

疲劳感

有时候人们拖延是因为感到疲劳，想用拖延缓解压力。想要解决这个问题，我们要合理安排休息与工作的时间，制订一个作息时间表，做到劳逸结合，逐渐克服拖延心理。

对结果的恐惧

有的人总是害怕犯错或失败，因此选择用拖延来掩饰自己对不好结果的恐惧。要想改掉由此引发的拖延，我们可以在工作之余主动充实自己，不断地提高自身能力。能力越高，我们的任务就会完成得越好。

自制力不足

有的人缺乏自制力，容易受到外界的干扰，从而难以保持注意力集中，造成工作进度缓慢。因此，在做事之前，我们最好能够先排除那些可能会影响自己工作的因素，如关掉手机、将通信软件设置为忙碌状态等，以便能够更专注地工作。

惰性

惰性总是与拖延相伴相生的。有的人遇到自己不喜欢做的事或难做的事，就会产生惰性，拖拖拉拉、故意不做或少做。要克服这种拖延的心理，就必须要克服惰性，把不愿做但又必须做的事情放在首位。如果任务比较难，我们可以试着把任务进行分解、各个击破，千万不能让惰性成为自己工作中的绊脚石。

2. 缺乏计划

所谓计划，是指未来行动纲领的先期决策。计划的目的是实现特定目标。在拟定计划时，对"你的目标是什么""你将如何实现它"等问题的思考能帮助我们更好地实现目标。倘若做事之前缺乏计划，将导致目标不明确，做事缺乏条理性，进而导致时间和资源的浪费。因此，大学生要学会制订计划，合理地分配时间，这样才能更快、更好地完成任务。

课堂活动

调研人员对某公司销售部门的员工进行了一次日常时间安排的调研。大部分销售人员都对调研人员表示，自己的工作时间安排情况如下：1/3 用于与同事讨论业务，1/3 用于接待重要客户，其余 1/3 用于参加各种社会活动。但是，调研人员通过跟踪记录发现，这些销售人员在上述三类工作上只花费了很少的时间，上述时间分配只不过是他们对"应该"耗费的时间的估算而已。实际上，他们的时间还有很大一部分花在了聊天、协调工作、处理订单、打电话催款等方面。

如果你是上述公司的一名销售人员，你会如何管理自己的时间？

3. 不会取舍

一个人的时间和精力都是有限的，所以，人们要学会合理地分配自己的时间和精力。然而，一些大学生常常因为不懂得如何取舍而陷入时间管理的误区。例如，有的大学生什么都想做，且每件事情都想要亲自处理，最终导致每件事情都做不好；有的大学生不懂得拒绝，总是碍于面子接受他人提出的不合理要求，最终导致自己手忙脚乱；等等。

（三）时间管理策略

时间管理策略是指合理安排时间、有效利用时间的原则与措施。在职场中，常用的时间管理策略包括以下四种。

1. 目标原则

目标原则要求职业人确定有效的目标。目标是行动的开始，对职业人的整个工作起着定向作用。有效的目标可以促使职业人提高工作效率。

扫一扫

时间管理秘籍

一般来说，职业人可以根据 SMART 模式确定目标。SMART 由五个英文单词的首字母组合而成，每个字母分别代表目标的五个特性。

（1）S 代表 specific，是指目标的具体性，即目标必须是清晰、具体的，且可以产生行为导向作用。例如，"我要在今年考取教师资格证""我必须在本周和客户签订合同"就是具体的目标；而"我要成为一个优秀的人"则是一个笼统的目标。

（2）M 代表 measurable，是指目标的可衡量性，即目标要能够用指标量化。例如，"我必须每天背 10 个单词""我要在本月完成 1 000 万元的销售额"就是可衡量的目标。

（3）A 代表 attainable，是指目标的可实现性，即设定的目标既要有一定的难度，又要是通过努力可以实现的。例如，"每天工作 20 个小时""每天跑 100 千米"都是无法完成的目标；而"如果今天没有写完工作报告，我就必须加班完成""我今天要跑 3 千米"则是可以实现的目标。

（4）R 代表 relevant，是指目标的相关性，即目标应与现实紧密相关，且目标内部各指标之间、目标与行动计划密切相关。也就是说，任何目标都应该与现实环境相适应，任何计划都应为目标服务。

（5）T 代表 time-bound，是指目标的时限性，即目标的实现有明确的截止日期。一般来说，设定目标就是为了能在预定时间内完成某项任务，如果超过了截止时间，目标就没有意义了。

通过 SMART 模式可以看出，目标如果缺乏具体性，就会显得空泛，让人无从着手；如果缺乏可衡量性，则无法评判任务实施进度是否合理，是否会影响目标的最终实现；如果没有可实现性，就与空想无异，毫无意义；如果缺少相关性，则任务的完成就没有保障；如果缺乏时限性，则目标实施者就会缺乏紧迫感，从而缺乏行动的动力。

 职 场 故 事

科学分析，学以致用——合理制定目标

以某公司销售人员想在预定时间内完成特定的销售任务为例，销售人员可以根据 SMART 模式来确定制定目标的步骤：① 设定目标，即弄清楚想要的是什么；② 分解目标，即明确要做什么事情；③ 制订计划，即确定什么时候做什么事；④ 执行计划，即根据计划做事；⑤ 回顾总结，在实践中优化目标与计划，并决定接下来怎么做。

据此，销售人员可以按照以下步骤制定自己本月的业绩目标。

（1）设定本月的业绩目标：5 月的业绩达到 20 万元。

（2）分解目标：① 至少新签订 1 个咨询项目合同，销售额达到 17.8 万元；② 至少实现 25 个线上课程的收款任务，收款金额达到 13 440 元。

（3）制订具体的行动计划：① 洽谈 2 个有明确意向的项目客户；② 5 月 20 日前，邀约 100 个新客户体验课程。

（4）执行：① 拜访 5 个有意向的项目客户；② 每天发掘至少 5 个目标客户。

（5）总结本月的得与失：如果没有完成目标，就分析本月工作存在的问题，并找到具体原因；如果成功实现目标，就总结经验，继续努力，并适当提高下月业绩目标。

上述例子中所制定的目标可视、可分解、可跟踪、可考核，是一个科学的目标。

2. "四象限"法则

确定目标后，如何对一系列以目标为导向的待办事项进行优先级安排呢？一般来说，职业人应优先考虑重要事件和紧急事件。但是，在很多情况下，重要事件不一定紧急，紧

急事件不一定重要。这就需要运用"四象限"法则对各类事件进行优先级排序。

"四象限"法则按照重要和紧急两个维度，将事件分成了重要且紧急、重要不紧急、紧急不重要及不重要不紧急四个象限，如表 5-1 所示。

表 5-1　四象限法则

项目	紧急	不紧急
重要	第一象限：重要且紧急的事件 ● 突发紧急情况 ● 有期限要求的任务 ● 近期需要参加重大项目的谈判 处理方法：无法回避也不能拖延，必须立即优先处理	第二象限：重要不紧急的事件 ● 制订计划或预防措施 ● 人际关系的建立与维护 ● 知识的积累 ● 个人的发展规划 ● 价值观的树立 处理方法：制订计划，并按照计划去做
不重要	第三象限：紧急不重要的事件 ● 接待不速之客的来访 ● 临时通知的不那么重要的会议和活动 ● 开会时朋友的来电 处理方法：对此类事件先加以评估，然后再决定何时处理及如何处理	第四象限：不紧急不重要的事件 ● 观看电视节目或电影 ● 接听推销电话 ● 处理垃圾邮件 ● 发呆、上网、闲聊 处理方法：能不做就不做

3．二八法则

二八法则又称"帕累托法则"，是由著名经济学家帕累托提出的，其核心内容是 20%的变因控制或操纵着 80%的局面。具体来说，就是在任何变量中，最重要的变量只有 20%，其余 80%虽然占多数，却是次要的；最重要的 20%的变量能创造 80%的效益。例如，20%的品牌占据了 80%的市场，20%的客户带来了 80%的业绩，20%的人掌握着 80%的财富；等等。

时间管理的本质是自我管理，自我管理的目的是促进个人发展。从二八法则可以看出，在个人的发展过程中，所遇到的事情并不是同样重要，而是分为 20%的重要事务与 80%的日常琐事。两者相互依存，但又相互争夺时间。因此，要想做好时间管理，大学生应避免将太多时间花在琐碎的事情上，而应坚持"要事第一、重要产品第一、关键人物第一、核心环节第一"的原则，准确地找出 20%的重要事务，并优先处理这些事务。

 职 场 故 事

推销员的成功法则

丁强大学毕业后曾经在某公司做过油漆推销员，当时他工作特别努力，对全部的顾客都热忱周到。可是因为初出茅庐缺乏实际的工作经验，所以工作的第一个月只拿到了 2 000 元的底薪，这让他特别难过也特别疑惑，他不明白为什么自己如此努力却没有得到应有的回报。但是他依然努力地工作，并在工作的同时苦苦思索自己没有取得成果的原因。

当丁强逐渐对工作感到得心应手后，他开始对自己的客户及销售图表进行分析。结果他发现，自己每个月收入的 80%竟然都来自 20%的客户。同时，他还发现，不管客户购买量的大小，他花在每个客户身上的时间和精力都是一样的。也就是说，他付出了 80%的时间和精力才得到了 20%的收入，这就是他虽然努力工作但是却没有取得成功的主要原因。

找到"病根"后，他立刻对自己现有的客户进行了分类，他把那些给自己带来 80%收入的 20%客户列为重要客户，并把自己绝大部分的时间和精力都用在了这些客户身上。

事实证明，他的做法是正确的。那些 20%的客户给他带来了意想不到的利润，几乎占到了他全部销售收入的 80%。实施该方法后的第一个月，他拿到了 1 万元奖金。从此之后，他一直遵守这一原则做事，几年后他成为行业内另一家公司的董事长。

4. 番茄工作法

番茄工作法是一种简单易行的时间管理方法。番茄工作法提倡人们将工作时间设为 25 分钟（这 25 分钟又被称为番茄时间），在这 25 分钟内，要完全专注于工作任务，中途不允许做任何与该任务无关的事，工作 25 分钟后，休息 5 分钟，5 分钟后再继续进行 25 分钟的工作，如此往复，直到完成整个任务。

使用番茄工作法需要准备的工具：一支笔、一个计时器、一份待办事件清单（见表 5-2）、一份番茄时间记录表（见表 5-3）。

表 5-2　待办事件清单

日期：

编号	计划事件	番茄时间
1		
2		
3		
4		
……		

表 5-3　番茄时间记录表

日期：

项目	事件	预计番茄时间	实际番茄时间
☐			
☐			
☐			
☐			
计划外的紧急事项			
项目	事件	预计番茄时间	实际番茄时间
☐			
☐			
今日小结			

使用番茄工作法需要遵循的细则：① 一个番茄时间是不可分割的，不存在半个或一个半的番茄时间；② 在一个番茄时间内如果做与任务无关的事情，则该番茄时间作废；③ 每 4 个番茄时间后休息 15 到 30 分钟；④ 每完成一个任务就划掉一个任务。

番茄工作法的精髓：① 一次只做一件事，保持专注；② 按照轻重缓急程度分解目标任务，高效完成；③ 做完一件划掉一件，增加成就感，避免半途而废；④ 整理杂乱无序的工作事项，克服拖延症；⑤ 持续性改善时间管理能力，让优秀成为一种习惯。

二、提高自我效能

（一）自我效能的内涵

自我效能是指人们对自己利用所拥有的技能去完成某项工作的自信程度。自我效能的概念最早由心理学家班杜拉提出的。

根据班杜拉的理论，自我效能包含以下两层含义。

（1）自我效能是个体针对某一具体活动的能力知觉，与能力的概念是不同的。

（2）自我效能是个体对自己能否达到某个目标或某一特定表现水平的主观判断，它产生于活动之前。一个人在确信自己有能力完成某一任务时，就会产生较强的自我效能感，并有充足的动力去执行这一任务。

自我效能不仅深刻地影响着人们的行为选择，以及其对某行为的坚持性（即行动中坚持决定、顽强地克服各种困难以达到目的的品质）和做某件事的努力程度，还时刻影响着人们的思维模式和情感反应模式，进而影响新行为的习得及表现。

一般来说，自我效能高的人往往视困难为挑战，总是想方设法地克服困难，不会回避威胁和压力。他们往往把失败或受挫归因于自身的努力不够，从而促使自己不断进步。自我效能低的人往往会回避问题，遇到困难时容易受惧怕、恐慌或羞涩等情绪的干扰而畏缩不前，或者情绪化地处理问题。他们往往把失败或受挫归因于自身的能力缺陷，即使遇到不难做的事情，也常常不能把事情做好。

由于不同职业领域所需要的能力、技能千差万别，同一个人在不同职业领域中的自我效能也是不同的。

（二）自我效能的影响因素

1. 个体的成败经验

个体的成败经验是自我效能最重要的影响因素。成功的经验能帮助个体提升自我效能；失败的经验，尤其是在个体的自我效能比较低时发生的失败，会对自我效能产生消极影响。也就是说，一个人的成功经验越多，其自我效能越高；反之，其自我效能就越低。例如，连一天不拖延都无法做到的人，通常觉得自己无法成功摆脱拖延症，对于摆脱拖延症这件事的自我效能就低；而已经能够做到数天不拖延的人往往认为自己肯定能再次做到，对于摆脱拖延症这件事的自我效能就高。

2. 替代性经验

替代性经验是指个体未亲身经历，而通过观察与自己能力相似的人在某活动中的行为而获得的对自我行为可能性的认知。

替代性经验一般是在观察中获取的。替代性经验是一种间接经验，它使个人相信，当自己处于类似的活动情景时，也能获得同样的成绩。如果个体通过观察发现与自己能力相似的人在某项任务中获得了成功，观察者的自我效能就会随之提高。如果个体通过观察发现与自己能力相似的人在某项任务中失败，观察者的自我效能就会降低。

在获取替代性经验的过程中，有的人无法预估自己能否成功地完成某项任务或开展某项活动时，便常常通过与他人对比来评价自己的能力。例如，有的人常常与特定的他人（如同学、同事、对手等）相比较，如果自己胜出，则自我效能提高；反之，则自我效能降低。

3. 他人的评价

他人的评价是指他人的指导、建议、解释及鼓励等，它能够在一定程度上影响个体的自我效能。个体对自身能力的认知在很大程度上受周围人的评价的影响。当个体的能力被某些重要的人肯定，或者个体总能获得外界的关心和支持时，个体比较容易维持较高的自我效能。例如，如果职业人能经常从领导那里接收到"你能行""你可以"等积极的信息，那么，他们就会认为自己的能力与工作相匹配，从而能够获得较为积极的工作体验，其自我效能就能够得到提高。

需要注意的是，评价必须切合实际。如果评价与个体的实际情况一致，个体的自我效能就会增强。但如果评价与个体的实际情况不一致，那么这种评价一开始可能会增强个体的自我效能，但经过事实验证后，反而会快速降低个体的自我效能。

4. 个人情绪

个人情绪也是自我效能的重要影响因素之一。如果一个人经常获得积极的情感体验，就比较容易产生较高的自我效能。如果一个人总是处于焦虑、情绪低落甚至抑郁的状态，就容易对自己的能力产生怀疑，导致信心不足，从而降低自我效能。

5. 生理状态

生理状态可以影响人的情绪和认知，继而对自我效能产生影响。良好的生理状态能让个体感到精力充沛、信心十足，有利于个体增强自我效能；而困倦、疲乏、病痛等不良的生理状态有可能会妨碍个体顺利开展某项活动或对事务做出准确判断，久而久之，就容易降低自我效能。

（三）自我效能的提升策略

较高的自我效能可以让人更积极地开展社会活动。大学生可以从以下几个方面提升自我效能。

1. 改变归因方式

当遇到各种各样的困难或挫折时，个体如果将原因归结到不容易改变的内部因素（如智力、身高等）上，就容易产生消极情绪，从而逐步降低自我效能；如果将原因归结到可以改变的因素（如花费的时间、努力程度等）上，就会愿意争取下一次的成功，从而逐步提升自我效能。例如，当某项活动没有取得预期的效果时，如果把原因归结到"我不够聪明""我太笨了"等内在因素上，就会降低自我效能；如果把原因归结到"我这次准备得还不够充分""我还不够努力"等外在因素上，就能够促使自己为下一次的成功继续努力，从而提高自我效能。因此，大学生应学会将失败归因于外在因素，以便不断激励自己积极前行，从而提升自我效能。

 职场故事

> ### 小张为什么没有应聘成功
>
> 一家财经杂志社招聘编辑，招聘要求着重突出了一条内容："应聘者不仅要具备良好的文笔，更要具有无处不在的自信。"小张觉得自己虽然不是财经专业的，但因为对财经感兴趣，平时做了很多了解；且自己的情况非常符合这一条招聘要求，便去应聘了。
>
> 应聘的人很多，数百人在几轮笔试中"杀"得硝烟四起。经过层层闯关，小张成为参加最后一轮面试的十个人之一。看着坐在会客室里等待面试的其他人，自信的小张突然生出几分担忧，害怕面试官会深入细致地询问一些专业问题。他问了问身边的其他几名应聘者，发现他们竟然无一例外都是学财经的。这让小张心里更加忐忑不安了。
>
> 终于轮到小张了，他稳定了一下自己的情绪，在心里对自己说："不要担心，你是最棒的！"然后大步走入了面试房间。面试官刚开始问的问题都很简单，快结束的时候，他突然问小张："你看过我们的杂志吗？"小张点了点头。面试官接着问："你

觉得我们的杂志在财经类杂志中处于什么水平？还有哪些方面需要改进？"这是一个非常具体的问题。小张对这些杂志都只有大致的了解，因而无法把这些杂志的优劣说得很透彻。小张不知道自己是如何回答完面试官的问题的，他只知道，自己的观点只是停留在很表面的层次上。

回答完后，小张有些沮丧。他不安地看着面试官，希望能够从面试官的表情里看出一点赞赏。但很遗憾，面试官的表情没有任何变化。面试官说："你回答的这些都只停留在表面。"小张的自信心瞬间崩溃，他低下头，用很小的声音说："对不起！如果贵社录用我，我会努力学习财经知识的，希望贵社能够给我一次机会。"面试官没有出声，只是示意他面试结束了。小张黯然地走了出去。最终，小张没有被录用。他把这次失败归因于自己非财经专业的身份。

偶然的一次机会，小张又见到了这位面试官。心有不甘的小张鼓起勇气，诚恳地问面试官："为什么当初您不录用我？是因为我不是学财经专业的吗？"面试官看着小张，笑着说："年轻人，有些时候你表现得不太自信。"见小张一脸纳闷，面试官想了想说："其实我最后的一句话是故意说的。作为一个非财经专业的人，你对我们社杂志的分析其实很不错！可是，你仅仅听了我的一句话，就怀疑自己所说的是否正确，这让我觉得你还是不够自信。不要忘了，我们在招聘要求里面特别强调的就是'具有无处不在的自信'。"

2. 列举自己的闪光点

很多大学生的自我效能比较低，不是因为自身的能力不够，而是因为不够自信，只看到了自己的不足，选择性地忽略了自己身上的闪光点，进而消极地评估了自己的能力。要想改变这种状态，大学生可以在缺乏自我效能的领域，将自己的闪光点或在弱项上的突破一一列举出来，以增强克服困难的信心；还可以在遇到困难时，回想自己曾经在相似挑战中的成功经历，或者将其他人的成功经验应用到自己需要突破的领域，以增强自己完成任务的信心。总之，大学生应善于挖掘自己的闪光点，并学会肯定自己所取得的进步，以便逐步提升自我效能。

3. 塑造自己的行为

行为塑造是指通过正面强化手段矫正个体的不当行为，使其逐步适应某种特定的行为模式的方法。如果大学生对完成某个目标缺乏足够的信心，可以试着把总体目标分解成多个可以分步骤达成的子目标，每实现一个子目标就及时给予适当的正面强化（如给予物质奖励、进行肯定性评价等），进而在不断达成子目标的成功体验当中逐步提升自我效能。

三、做好情绪管理

（一）情绪的内涵

情绪是指个体对客观事物的态度、体验和相应的行为反应。情绪包括认知层面上的主观体验、生理层面上的生理唤醒和表达层面上的外部表现三个部分。当情绪产生时，这三种活动相互作用，从而构成一个完整的情绪体验过程。

1．主观体验

情绪的主观体验是个体的一种自我觉察，即大脑的一种感受状态。个体对自己、他人和事物都会产生一定的态度，这些不同的态度会使人产生不同的主观感受，如对弱者同情，对敌人仇恨；事业成功时欢乐，失败时沮丧；等等。一般来说，这些主观感受只有个体自己才能感受到或意识到，它们会影响个体对客观事物的认知。

2．生理唤醒

人在产生情绪反应时，常常会伴随着一定的生理反应，如激动时血压升高、愤怒时浑身发抖、紧张时心跳加快、害羞时满脸通红、焦虑时尿急尿频等。

3．外部表现

情绪的外部表现主要是人的面部表情和身体语言。例如，人们在悲伤时，会痛哭流涕；在激动时，会手舞足蹈；在高兴时，会开怀大笑；等等。这些行为表现是判断和推测个人情绪的外部指标。但是由于人类心理的复杂性，有时候人的外部表现会出现与主观体验不一致的现象。例如，有的人第一次进行公开演讲时，明明心里非常紧张，可还是在其他人面前做出镇定自若的样子等。

别让情绪把鱼吓跑

一个年轻人和一位老人同时在岸边钓鱼。

一段时间过去了，老人钓到了好几条鱼，年轻人却一条鱼也没有钓到。又过了一段时间，老人钓到了满满一桶鱼，准备收拾渔具回家了，年轻人还是一条鱼都没有钓到。看着自己的鱼竿一点动静也没有，年轻人迷惑不解地问老人："我们钓鱼的位置差不多，用的鱼饵也一样，为什么您钓到了那么多，而我却一无所获呢？"

老人听了，笑着说："我钓鱼的时候，就是安安静静地坐着。我这边的鱼根本就感觉不到我的存在，所以它们会咬我的鱼饵。而你们年轻人太浮躁，情绪不稳定。我看你钓鱼的时候总是走来走去，还会时不时地动动鱼竿、叹息一两声。你的这些举动把鱼都吓跑了，当然钓不到鱼了。"

这个故事告诉我们：有的时候之所以会输给对手不是因为自身条件差，而是因为没有调整好心态，没有控制好情绪。因此，我们应学会管理自己的情绪，做情绪的主人，克服情绪的消极影响，发挥情绪的积极影响。

（资料来源：搜狐网，2019-01-20，有改动）

（二）情绪对个体的影响

1. 对健康的影响

情绪与个体的身体健康密切相关，一个人的情绪状态往往会直接影响到其身体的健康情况。一般来说，积极的情绪有助于个体的健康状况，不良的情绪则会损害个体的健康状况。我国古代医书《黄帝内经》中就有"怒伤肝，喜伤心，思伤脾，忧伤肺，恐伤肾"的记载。许多疾病（如溃疡、偏头痛、高血压、哮喘等）的产生，都与人的情绪失调有关。因此，保持积极的情绪是个体维持身体健康的重要条件之一。

同时，情绪对人的心理健康也有重要影响，它反映的是外界事物与主体需要之间的关系。外界事物符合主体的需要，个体就会产生积极的情绪体验，这些情绪体验会对心理健康产生积极的促进作用。反之，个体就会产生消极的情绪体验，如愤怒、恐惧、焦虑、忧愁、悲伤、痛苦等。这些情绪体验过多或持续时间过长时，就会使人的心理失去平衡，甚至导致心理疾病等。

2. 对社会交往的影响

面部表情和身体语言作为情绪的外部表现，比语言本身更具表现力，具有传递情感信息的作用。在人与人的交往中，有时候语言并不能准确地表达情感，这时，面部表情和身体语言就可以作为一种补充手段，准确而微妙地表达个体的思想感情。同时，人们也可以通过面部表情和身体语言判断他人的情感态度，了解他人的内心世界。

此外，良好、健康的情绪还是维系和谐人际关系的纽带。一个微笑、一次握手、一个诚挚的眼神、一个友好的动作、一句温暖的话语，都能起到沟通心灵、增进友谊的效果。而冷漠、暴躁等不良情绪会影响人际交往的和谐，从而妨碍人与人之间的团结和友谊。

3. 对行为的影响

情绪对行为具有调控作用。一般来说，快乐、热情、自信等积极的情绪可以激发人体机能的内在潜能，促使个体积极开展社会活动，努力追寻自己的梦想，乐观面对突发事件和艰难险阻等。恐惧、痛苦、自卑等消极的情绪会消耗过多的能量，降低机体免疫力，影响身体机能的正常发挥，使个体活动积极性下降、动作迟缓、反应迟钝、效率低下、悲观厌世等。

需要注意的是，有时积极情绪也可能对行为产生消极影响。例如，有的人对工作充满热情，想把所有事情都做好，可是往往因为想做的事情太多而导致任务无法按时完成。而消极情绪对行为的影响也有好的一面。例如，人感到害怕时，会选择逃跑，以保护自己；人保持适度的焦虑感，有利于自身潜能的发挥，从而提高工作效率；等等。

职 场 故 事

安顺公交事件的警示

2020 年 7 月 7 日，贵州省安顺市一辆车牌号为贵 G02086D 的 2 路公交车在行驶至西秀区虹山水库大坝时，突然转向加速，横穿对向车道，撞毁护栏冲入水库。此次事故中，20 人当场死亡，1 人经抢救无效死亡，15 人受伤，1 人未受伤。而这起严重事故竟是该公交车司机张某钢因消极厌世，并在驾驶公交车期间喝酒导致的。

2016 年，张某钢与妻子离婚。之后，他就经常向亲友抱怨家庭不幸福，生活不如意。2020 年 7 月 7 日上午 8 时 30 分许，张某钢看到其居住的自管公房被拆除。在此之前，张某钢还申请过一套公租房，但未获批准。随后，他拨打政务服务热线，对申请公租房未获批准且所承租公房被拆除表示不满。事实上，他已与西秀区住房和建设局签订了《自管公房搬迁补助协议》，他可以得到 72 542.94 元补偿，但他并未领取。9 时 4 分，张某钢将购买的白酒装入饮料瓶中，并将其携带至公司交接班。11 时 39 分，张某钢通过微信语音联系女友，流露出厌世情绪。12 时 9 分，张某钢趁乘客到站上下车时，饮用了饮料瓶中的白酒。12 时 12 分，事故发生。

公交司机肩负着保证乘客安全的重任。公交司机的工作状态，与人"性命攸关"，责任之重大，自不待言。为了更好地管理司机情绪，保障司机与乘客的安全，各省市公交公司对上述事故引以为戒，通过多种途径关注公交车司机的情绪健康问题。

情绪是人类情感和行为的核心，对我们的思维、行为和健康产生着深远影响。消极情绪，如愤怒、焦虑、悲伤等，如果得不到有效的调控和管理，可能会导致一系列负面影响。因此，大学生应该学会管理情绪的有效方法，以更好地应对生活和工作中的各种挑战。

（资料来源：新华社，2020-07-08，有改动）

（三）情绪管理的方法

情绪管理是指认识、协调、引导和控制自身情绪，让自己保持良好情绪状态的过程。情绪管理不是为了完全消除情绪或情绪的起伏变化，而是要将情绪的起伏控制在一定的范围内，避免失控。一般来说，当产生不良情绪时，大学生可以参考以下方法进行调节。

1. 合理宣泄

合理宣泄是指个体在产生不良情绪时，通过适当的方式把郁积的情绪宣泄出来的方法。合理宣泄可以避免负面情绪的积压，有利于身体健康。在日常的学习、生活和工作中，很多事情都会导致负面情绪的出现。若一味地压抑自己，则容易影响正常的心理活动，甚至会影响身体健康。因此，在产生不良情绪时，大学生可以选择合适的方式宣泄情绪，如运动（跑步、打沙袋等）、大哭、阅读、怒吼、旅游等。

需要注意的是，宣泄情绪要注意时间、场合和方式，且应无破坏性。

2. 转移注意

转移注意是指个体在出现不良情绪时，把注意力从引起不良情绪的事情上转移到其他事情上去，从而使自己从消极的情绪中解脱出来的一种自我调节方法。当一个人出现悲伤、焦虑、抑郁等不良情绪时，可以选择做一些自己喜欢的事情，或者做一些能让自己专心投入的事情来分散注意力，如外出散步、看喜欢的书、看电影、听音乐、找朋友聊天等。这种方法一方面可以中止不良刺激源的作用，防止不良情绪的泛化和蔓延；另一方面，参与新的活动，特别是自己感兴趣的活动可以达到增加积极情绪的目的。

 哲思寓理

爱巴的故事

有一个名叫爱巴的人，每次因和他人起争执而生气的时候，他就会以很快的速度跑回家，分别绕着自己的房子和土地跑三圈，然后坐在田边喘粗气。

爱巴工作非常努力，他的房子越来越大，所拥有的土地的面积也越来越大。然而，他生气时依然会分别绕着房子和土地跑三圈。"为什么爱巴每次生气时都要绕着房子和土地跑三圈呢？"所有熟悉他的人都想不明白，不管他们怎么问，爱巴都不愿意说明原因。

后来，爱巴老了，他的房子和土地都非常大了。有一天，他生气后拄着拐杖艰难地绕着房子和土地转圈。当他走完三圈后，太阳都已经下山了。

爱巴独自坐在田边喘气，他的孙子在旁边恳切地问道："阿公，您已经这么大年纪了，这四周也没有其他人的土地比您的更大，您不能再像从前一样，一生气就绕着土地跑三圈了。还有，您可不可以告诉我您一生气就分别绕着房子和土地跑三圈的原因？"面对孙子的疑问，爱巴终于说出了藏在心底多年的秘密。他说："年轻的时候，我一和人吵架、争论、生气，就绕着房子和土地跑三圈，边跑边想，自己的房子这么小，土地这么少，哪有时间去和别人吵架呢！想到这里，气就消了，然后我就把所有的时间都用来努力工作了。"孙子继续追问："阿公，您年纪大了，已经非常富有了，为什么还要绕着房子和土地跑呢？"爱巴笑着说："我现在还是会生气，生气时边跑边想，自己的房子这么大，土地这么多，又何必和他人计较呢？一想到这里，气就消了！"

故事中的爱巴善于用注意力转移法来调节自己的情绪。在日常生活和工作中，人们难免因各种事务而产生不良情绪，这时候应善于运用注意力转移法，将自己的精力和时间转移到有意义的事情上去。

（资料来源：应届毕业生网，2022-11-15，有改动）

3. 自我暗示

自我暗示是指通过语言提醒、想象美好事物的方式，对自身施加积极的影响，以放松紧张心理、缓解不良情绪的一种方法。当产生不良情绪时，个体可以通过自我暗示的方式来帮助自己消除不良情绪带来的负面影响。例如，当出现考试焦虑时，不妨暗示自己"我已经尽力做好备考了，我相信自己在考场中能发挥得很好"，以增强自己的自信心，从而缓解紧张的情绪。

4. 调整认知

有研究表明，情绪困扰并不一定由诱发事件直接引起，而是由个体对事物的非理性认知引起的。因此，将非理性认知转变为理性认知可以帮助我们消除情绪困扰。例如，一些人认为"人生路应该是一帆风顺的"，这种认知导致其在人生路上遭遇挫折时便消沉苦闷或怨天尤人，进而产生不良情绪，引发心理问题。如果能够改变这种错误认知，那么不良情绪就会消失，心理问题就能得到解决。

📺 课堂活动

假设你接到一项难度很大的任务，你自认为已经尽最大的努力去做了，但最终还是没能达到预期。当老板告诉你，你的工作未能达标时，你会产生什么样的情绪和想法？请你从以下几个选项中选出符合自身情况的一项。

选项一：无所谓。我已经尽力了，没有做好也不是因为我不努力，就这样吧，"尽人事，知天命"！

选项二：气愤和不服。我已经很努力了，没有做好并不是我的责任，老板为什么要责怪我？他自己做过什么努力吗？

选项三：忐忑不安。老板会不会对我有什么看法？我今年的职级晋升会不会受影响？

选项四：自怨自艾。我怎么这么差劲？一直达不到老板的要求。

选项五：有点遗憾，但我需要反思一下问题出在哪儿。这次没做好，的确是挺让人沮丧的。但事情已经过去了，相信老板也知道我已经尽力了。我还是赶快复盘一下，看看哪儿还能改进吧！

在以上五个选项中，你觉得持哪一种想法的人能够在职场中走得更高、更远。和其他选项相比，这种想法对于情绪管理有什么好处？

📊 探索与训练

一、了解自我——我的生命刻度

┉ 活动目的 ┉

通过开展以"生命刻度"为主题的体验活动，加强对人生规划的思考。

材料准备

自制带有刻度的纸条，如图 5-1 所示。

10 岁	20 岁	30 岁	40 岁	50 岁	60 岁	70 岁	80 岁	90 岁	100 岁

图 5-1　带刻度的纸条

活动流程

假设纸条上的数字对应 10～100 岁的年龄，请按以下步骤玩撕纸游戏。

（1）请问你现在多少岁？

每名学生在当前年龄对应的位置画线，并从画线的位置撕掉左边的纸条，然后思考过往生命中最重要的事，用一个词语概括出来并写在撕掉的纸条上面，最后和同伴或朋友分享这段生命刻度里的词语。

（2）请问你觉得自己能活到多少岁？

预测自己生命结束的时间，在生命刻度上画线并撕掉画线位置右边的纸条，预想自己的"墓志铭"，将其写在撕掉的纸条上，并和同伴或朋友分享自己的"墓志铭"。

（3）请问一天 24 小时你是如何分配的？

一般睡觉时间是 8 小时，占了 1/3；吃饭、休息、聊天、发呆、看电视、上网等又占了 1/3；剩下的 1/3 是自己学习、工作的时间。将剩下的纸条分成三等份，撕下其中的 2/3，最后留在手里的是自己可以把握和奋斗的时间。

（4）请问你现在有何感想？与同伴或朋友交流自己的感想。

（5）请问你如何看待自己的未来？请列出自己对未来的规划，并根据规划为自己制订一个用于达成人生各阶段目标的时间分配表。

活动总结

（1）一个人最宝贵的就是时间、生命和健康。请结合此次活动的体验，思考应该如何安排自己的时间，怎样才能更好地把握时间。

（2）将最后撕剩下的这段小纸条与另外两段进行对比，激发自身的紧迫感，认识到时间管理的重要性。

二、演讲比赛——做一个自信的人

活动要求

（1）脱稿演讲，每位选手限时 5 分钟。

（2）演讲内容必须围绕"自信"展开。

（3）语言表达应清晰准确，具有感染力；可适当运用肢体语言；仪表应大方得体；可播放背景音乐，以营造与演讲内容相适应的氛围，获取良好的艺术效果。

活动流程

（1）初赛：以小组（每 4～6 人为一组）为单位进行，每组选出一名最佳选手。

（2）复赛：各组选出的最佳选手一一上台演讲；由教师和学生共同评出 1 名"最佳风采奖"，1 名"最佳表现奖"。

三、提升自我——管理好自己的情绪

1. 交流与分享

（1）学生每 4～6 人一组，各组选出一名成员担任小组长。

（2）小组长组织小组成员轮流说一说自己是否有过以下不良情绪（见图 5-2），并说出自己当时的感受。

图 5-2 不良情绪

（3）组内讨论：在自己产生不良情绪时，可采取哪些方法进行自我调整？在其他人产生不良情绪时，可以采取什么样的方法帮助他？

2. 情景模拟

（1）各个小组准备 1～2 个剧本，并根据剧本表演。剧本应尽量篇幅短小、情节真实，能够展现出不同的情绪反应。

（2）演练要求：学生表演时，各组组长带领组员详细记录不同场景中不同人物的情绪反应，如面部表情、体态、语言等。

（3）各组整理记录，并根据记录讨论各场景中不同人物的情绪管理是否到位、应如何改善。

模块六　职场礼仪

 学习清单

每完成一项学习任务，就在对应的方框中打钩。

任务进程	序号	任务内容	是否完成
课前预习	1	准备学习用品，预习课本知识	□
	2	搜集并了解个人形象礼仪规范，根据规范检查自己的个人形象	□
	3	通过网络了解职场礼仪的相关知识	□
课中学习	4	阅读"典型案例"中的案例，并回答案例后的思考题	□
	5	掌握仪容的要求，以及着装、举止、体态等礼仪规范，并确保自己的仪容符合礼仪规范	□
	6	了解办公基本礼仪，掌握会面礼仪和职业人际关系礼仪，能够在交际中表现得体	□
	7	熟悉通信礼仪，能礼貌地接听和拨打电话、发送电子邮件、使用即时通信工具	□
课后复习	8	根据个人理想职业，明确仪容礼仪、办公礼仪及通信礼仪的规范	□
	9	在模拟职业场景中，能够灵活运用所学的礼仪知识，表现得体、应对自如	□

 典型案例

有趣的实验——良好的形象会提高成功的概率吗?

有一位心理学家曾经做过一个搭车实验,实验过程是这样的:心理学家依次把自己打扮成身穿笔挺军服的军官、戴金丝边眼镜的学者、装扮优雅的绅士、神态疲惫的老人,以及留着怪异长发、穿着邋遢的男子,然后到路边拦车。结果发现,绅士、军官、学者的搭车成功率最高,老人次之,而邋遢男子搭车的成功率最低。有意思的是,多数司机见到邋遢男子时不仅不停车,还猛踩油门……

 请思考 这个实验说明了什么?如果你不想失去任何成功的机会,首先要注意什么?

一、注重仪容仪表

仪容通常指一个人的外貌,主要由面容、发式及未被服饰遮盖的身体部位组成。仪表主要指一个人的着装、言行举止、精神风貌等。在人际交往中,整洁的容貌、得体的着装、优雅的举止、潇洒的风度能反映出一个人良好的文化修养和审美情趣,给交际对象留下美好的第一印象,为后续交往创造良好的开端。

(一)仪容要求

在工作和生活中,一个人的仪容会影响到他人对这个人的整体评价。因此,修饰仪容是日常交往礼仪和职场礼仪的重点。

仪容修饰的基本要点就是干净、整洁、端庄、大方。整体而言,职业人应保持面部、头部、颈部、双手清洁且无异味,发型得体,精神饱满。具体而言,男士应剃净胡须,修剪鼻毛,确保头发长度适中,即前不遮眉、侧不掩耳、后不及领;不留长发,也不剃光头;保持口气清新,无体味。女士应化淡妆,并确保妆容与衣着、发型、年龄、气质、身份等相适应;若留短发,则长度不宜过肩,若留长发,则应将其扎起来或盘起来,切勿披头散发;不留长指甲,不涂艳丽的指甲油,不佩戴过于华丽的首饰;保持口气清新,无体味。

（二）着装礼仪

服饰能体现出一个人的个性、身份、涵养、阅历及心理状态等。在职场中，着装往往会直接影响他人对职业人的第一印象和评价，以及职业人所代表的企业的形象。良好的职业形象能够展示职业人的自信和素养。

1. 男士职业着装礼仪

在职场中，无论是男士还是女士，在进入相对正式的场合（如宴会场合、庆典场合、面试场合等）时都应选择相对正式的着装。

西装是现代社交活动中最常用的服装。一套合体的西装，可以让着装者显得潇洒、精神、风度翩翩。在职场上，男士穿西装时应当遵守以下着装礼仪。

（1）西装的领子应紧贴衬衫领口，并且低于衬衫领口 1～2 厘米；西装上衣的下摆不能太长，下摆边沿应位于手臂下垂时的虎口处；西装的袖口应位于手腕处；西装的尺寸应适宜，以能内添一件羊毛衫为宜；上衣的下摆应与地面平行，上衣和裤子的口袋平整。

（2）在正式场合，应穿同质、同色的深色毛料三件套西服（上衣、马甲和裤子），且不能脱掉上衣。西服有双排扣、单排扣之分，单排扣西装又有两粒扣和三粒扣之分。穿双排扣的西装时一般应扣上全部纽扣，以示庄重。穿单排两粒扣的西装时只需扣上面一粒纽扣；穿单排三粒扣的西装时只需扣中间一粒纽扣，坐下时可解开。穿单排扣的西装时也可以选择不扣纽扣。

（3）与西装搭配的衬衫多为单色，且以浅色为主。衬衫的领口应干净、平整、挺括，不能有污垢。衬衫的衣领应高于西服衣领 1.5 厘米左右。衬衫下摆应塞进裤腰里，领扣和袖扣应扣好。衬衫衣袖应比西装衣袖长 1～2 厘米，以显示衣着的层次。

（4）领带是"西装的灵魂"。领带的颜色和图案应与衬衣和西装协调搭配。领带的领结应饱满，并与衬衫的领口吻合。领带的长度以系好后下端正好触及皮带扣上端为宜。

（5）西装裤腿应盖在鞋面上，裤线应熨烫得直挺。穿西装时应搭配黑色皮鞋和黑色袜子，确保鞋面清洁光亮、袜筒高度适宜，切忌穿运动鞋、凉鞋、白色袜子等。

扫一扫

领带的系法

西装的规范穿着如图 6-1 所示。

图 6-1　西装的穿着规范

2．女士职业着装礼仪

女士的职业着装要既端庄，又不能过于古板；既有活力，又不过于另类；既成熟，又不过于性感。在职场中，女士职业服装以职业套裙为主。

职业套裙主要包括一件女式西装上衣、一条半截式的裙子和一件内搭衬衫。在正式场合，女士穿职业套裙会显得干练、成熟、神采奕奕，如图 6-2 所示。套裙上衣和裙子应为同一质地、同一颜色的素色或深色面料。上衣要平整、贴身，下摆最短应齐腰，袖长要与手腕齐平。裙子要以窄裙为主，并且裙长最短要齐膝盖，最长不要超过小腿的中部。

图 6-2　职业套裙

女士穿职业套裙时，应注意合理搭配衬衫、饰品和鞋袜。

（1）衬衫。作为职业套裙的内搭，衬衫的颜色以素色为宜，款式应当简洁，不要有花边、皱褶和夸张的图案。可以说，白衬衫是职业套裙的最佳搭档。同时，可以用不同色系的腰带或丝巾对衬衫进行装饰。内搭衬衫的下摆必须掖入下装之内，而不能垂悬在下装之外或打结于腰间。

（2）饰品。饰品搭配得好，可以起到画龙点睛的作用。饰品的佩戴应符合以下几个原则：① 全身上下的饰品数量不能超过三件，否则会显得过于张扬；② 饰品的佩戴要讲究风格的统一，各种饰品要尽可能做到同质同色，给人以端庄大方的感觉，否则会让人眼花缭乱；③ 职业人士所佩戴的首饰要符合自己的职业身份，过于昂贵、过于耀眼的首饰都不适合出现在商务场合。

（3）鞋袜。与套裙配套的鞋子宜为皮鞋，且以黑色为主；鞋子宜为高跟、半高跟的皮鞋，图案与装饰均不宜过多。袜子应为长筒型或连体型，其颜色以肉色、黑色、浅灰、浅棕为佳。需要注意的是，不可穿露趾鞋，也不可穿半截丝袜、彩色丝袜和带花边的丝袜；不可当众脱下鞋袜，也不可以让鞋袜处于半脱状态，更不可让袜口暴露在外或不穿袜子。

女士在正式场合的着装还应注意以下禁忌：① 过于暴露，如穿吊带、超短裙、露背装、露脐装、深领装等；② 过于张扬，如有的女士喜欢彰显个性、追求时尚，在办公室穿得过分时髦，浓妆艳抹，佩戴夸张的耳环、戒指、项链等。

视野纵横

着装原则

职业人在职场中应遵守以下着装原则。

整洁原则

即无论在什么场合，都应保持服装整洁，确保服装扣子及相关配件齐全，确保服装无褶皱、无污渍、无破损等。这是着装的首要原则。

和谐原则

即着装应当与自己的年龄、体形、气质、身份等相协调。

与年龄相协调：着装应与自己的年龄相协调。少年可以穿色彩鲜艳、风格活泼的服装；青年可以穿色彩丰富、造型时尚的服装；中年人着装应优雅得体、有韵味；老年人着装应干净、稳重。

与体形相协调：着装应与自己的体形相协调，应能修饰自己的体形。例如，体形偏胖的人可选择色调偏冷、款式修身的服装，体形偏瘦的人可选择色调偏亮、略带花纹的服装等。

与身份相协调：着装应与自己的身份相协调。例如，教师适合穿端庄大方的职业装；模特适合穿潮流个性的时装；学生适合穿展现青春魅力的服装或与自身专业相符的服装，不穿奇装异服；等等。

与气质相协调：着装应与自己的气质相协调，展示出自己的内在美。内在美主要指人的精神面貌和气质。着装应能展示由人的内在美和外在美构成的和谐之美。

TPO 原则

TPO 是英文 time、place、occasion 三个单词的首字母，分别代表时间、地点、场合。TPO 原则是指人们应该根据不同的时间、地点、场合选择不同的服装。

时间原则：① 着装应当与时间相符合，如工作期间的着装应能给人一种端庄、整洁、稳重的感觉；② 着装应当与季节相符，确保冬暖夏凉、春秋适宜；③ 着装应顺应时代的潮流和节奏，不能过于落伍，也不能过于时髦。

地点原则：即根据地点、环境选择得体的服装，以使自己与环境相协调。例如，在家可以穿舒适的家居服；上班期间适合穿职业装；外出登山适合穿运动服；等等。

场合原则：即着装应与场合相协调。人们在交际活动中的不同场合应选择不同的服装。例如，在庄重的场合不能穿得太随意，在休闲的场合不必穿得太正式，在喜庆的场合不能穿得太古板，在悲伤的场合不能穿得太艳丽。

配色原则

色彩是服装不可或缺的组成部分。得体的色彩搭配能够提升服饰的整体美感，给他人留下美好的印象。常用的配色方法有如下几种：① 同色搭配，如黑色上衣配黑色裤子、浅蓝色上衣配深蓝色裤子等；② 对比色搭配，如白色配黑色、蓝色配红色等；③ 相似色搭配，如绿色配蓝色、红色配橙色、黄色配浅绿色等；④ 点缀色搭配，如用红色点缀黑色基础色等。需要注意的是，服饰的搭配色彩一般不宜超过三种。

（三）举止礼仪

1. 站姿

站姿是日常生活中最常见、最普通的姿势，也是最能展现一个人的气质和风度的姿势。人们常说"立如松"，意思就是人的站立姿势要像青松一样端正挺拔。

总的来说，标准的站姿有以下几点要求。

（1）昂头挺胸，头部端正，双目平视，嘴唇微闭，下颌微收，颈部挺直，双肩展开向下沉。

（2）双臂放松，自然下垂，收腹，立腰，提臀。

（3）两腿并拢，膝关节挺直，身体重心落在两脚之间。

在标准站姿的基础上，男士两脚可以适度分开，两脚之间的距离尽量和肩膀的宽度一致，双脚的脚尖约成45°角，双手交叉，合握于腹前或背后，如图6-3所示。

图6-3　男士站姿

女士双脚可以呈"丁"字形或"V"字形站立，脚跟、双膝靠拢，双手手指自然并拢，一只手搭在另一只手上，双手拇指互相交叉放于肚脐附近，身体立直站稳，如图6-4所示。

站立时切忌出现以下姿态。

（1）膝关节伸不直，无精打采。

（2）弯腰驼背，叉腰屈腿，两肩一高一低。

（3）在正式场合，将双手插于衣兜，用双手搓脸、拨弄头发或抱肘于胸前。

（4）斜靠在墙壁或栏杆上，或者歪斜站立。

（5）两脚分开的幅度过大，或两腿交叉站立。

（6）一条腿弯曲并抖动，用脚打拍子或不停地划弧线。

（7）不停地摇摆身子，扭捏作态。

（8）与他人勾肩搭背。

图6-4　女士站姿

2. 坐姿

坐姿是一种重要的身体姿态。无论是伏案学习、参加会议，还是会客交谈、娱乐休息，都需要呈现坐姿。坐姿也是一个人个性、气质、风度及修养的外在体现。良好的坐姿不仅有利于自身健康，而且能给他人以文雅、稳重、自然、大方的美感。

坐姿的要求是"坐如钟"，基本要领如下。

（1）入座时要轻、稳、缓。就座时先走到座位前，转身，背对座椅，然后右脚向后退半步，轻稳地坐下。如果女士穿着裙装，那么落座时要用双手把裙子从臀部上方往臀部下方轻拢一下，以保持裙边平整、不起皱，并防止走光。不要在落座后再拉拽衣裙，否则有失文雅。在正式场合，一般从椅子的左侧入座，离座时也要从椅子左侧离开。如果椅子位置不合适，需要挪动椅子，则应先把椅子移至合适的位置，然后入座，不要坐在椅子上移动座椅。

（2）入座后，应坐满椅子面的 1/2 或者 2/3，而不宜坐满椅子面；挺胸，立腰，双肩平正放松，双膝自然并拢，双腿自然弯曲，双脚并拢或交叠成"V"字形，双手分别放在双膝上或放在座椅扶手上，女士可将双手叠放在裙边；双目平视，下颌微收，面带微笑；

与邻座交谈时应根据交谈对象的方位将身体及双膝侧转向交谈对象。需要注意的是，男士的两膝可分开一拳左右的距离，双脚可稍微分开；女士不能分开双膝，特别是身穿裙装的时候。

（3）离座时，右脚向后收半步，然后起立。起身时应轻缓自然，不要拖泥带水，也不要弄得座椅乱响，或者将椅垫、椅罩碰落到地上。

落座后切忌出现以下姿态。

（1）身体前倾或后仰，瘫坐在椅子或沙发上。

（2）双手环抱膝盖、夹在两腿中间或放在臀部下面。

（3）跷二郎腿、双腿叉开或者双腿伸得很远。

（4）脚部抖动、蹬踏他物或脚尖指向他人。

在正式场合，男士的常用坐姿有正位式坐姿和重叠式坐姿两种，如图 6-5 所示：正位式坐姿的要领为上身与大腿、大腿与小腿、小腿与地面均成直角，双膝、双脚自然分开且距离不超过肩宽，双手分别放在两腿上；重叠式坐姿的要领为左小腿垂直于地面，右腿窝叠在左膝上，右小腿尽量向内收，双手叠放在大腿上。

（a）正位式坐姿　　　　　　　　　　（b）重叠式坐姿

图 6-5　男士常见坐姿

女士的常用坐姿有正位式坐姿、侧点式坐姿、交叉式坐姿和重叠式坐姿四种，如图 6-6 所示：

（a）正位式坐姿　　　（b）侧点式坐姿　　　（c）交叉式坐姿　　　（d）重叠式坐姿

图 6-6　女士常见坐姿

（1）正位式坐姿的要领为上身与大腿、大腿与小腿、小腿与地面均成直角，双腿并拢，双膝紧贴，双手虎口相交放于左腿上。

（2）侧点式坐姿的要领为上身挺直，双腿并拢，两脚同时向左（或向右）平移，使双腿与地面约成45°角，双手虎口相交放于左腿（或右腿）上。

（3）交叉式坐姿的要领为上身端正，双腿并拢，双脚在踝关节处交叉并略向右侧（或左侧）斜放，一只脚着地，另一只脚脚尖点地，双手虎口相交放于右腿（或左腿）上。

（4）重叠式坐姿的要领为上身端正，两小腿与地面约成45°角，右腿叠放于左腿之上，右脚挂于左脚踝关节处，脚尖向下，左脚掌着地。也可以交换两腿的上下位置，将左腿重叠于右腿之上，并将两小腿移至身体右侧。

职 场 故 事

坐姿助力成功

某航空公司到一所大学招聘工作人员，众多应届毕业生前去应聘。在通过层层选拔后，有两名学生脱颖而出，进入了最后一轮选拔。

最后一轮面试是面试官对两名面试者进行的问答环节。在面试开始之前，两名学生都坐在椅子上等待。第一个参加面试的学生在自己的座位上跷着了二郎腿，两手乱摆，给人一种傲慢不羁的感觉。第二个参加面试的学生始终双腿微拢，双手置于腿上，上身端正挺拔，给人一种庄重、大方的印象。

在面试时，两个学生都非常顺利地通过了面试官给出的各项考验。最终面试官决定录用第二个学生。有人问面试官，为什么两个人同样优秀，却只录用第二个学生呢？面试官笑了笑，说："民航服务人员从事的是服务行业，良好的仪态是基本要求。虽然在整个面试过程中，两个学生都表现得不错。但是，第一个学生在等待时坐姿不雅，给人的第一印象不好，这在将来的工作场合中，很容易引起旅客的反感。而第二个学生在任何时候都表现得坐姿优雅、举止得体，容易给旅客留下好的印象。所以，我们当然会选第二个。"

3. 走姿

走姿可以展现一个人的精神面貌。走姿的要求是"行如风"，其基本要领如下。

（1）步态端正。行走时，应昂首挺胸，两眼平视前方，收腹提臀，上身挺直，两肩保持平稳，两臂在身体两侧自然摆动，两腿有节奏地交替向前迈进。

（2）步幅适中。标准步幅为一脚至一脚半的距离，即前脚脚跟与后脚脚尖之间的距离，为脚长的 1～1.5 倍。男士应步幅略大，步态稳健有力、刚毅洒脱，展现阳刚之美；女士应步幅略小，步态轻盈含蓄、优雅端庄，展现阴柔之秀，如图 6-7 所示。

图 6-7　女士走姿

（3）步位平直。步位是指脚落地时的位置。男士的步位路线应为两条平行线，女士的步位路线应尽可能为一条直线。

（4）步高得体。行走时脚不要抬得过高，否则会产生违和感；也不能抬得过低，否则会显得缺乏朝气或老态龙钟。

（5）走姿禁忌。走路时切忌出现以下姿态：① 身体不挺直，有弯腰驼背的不良习惯；② 走路呈"内八字"或"外八字"；③ 行走过快或过慢；④ 拖蹭地板、跳着走路或踮脚走路；⑤ 身体不稳、摇头晃脑或晃臂扭腰；⑥ 上下楼梯时弯腰弓背、手撑大腿或一步跨两三级台阶；⑦ 行走时与其他人距离过近，或与他人发生身体碰撞；⑧ 多人一起并排行走或走路时与他人搂肩搭背。

（6）在行走时，还应注意以下礼仪：① 与长辈、领导或客户等一同行走时，应走在左侧，以示尊重；② 如果是三人同行，且都是男性或都是女性，那么应以中间的位置为尊，右边次之，最后是左边；③ 一个人行走时，应靠右行走，将左侧留给急行的人，乘坐扶梯时也是如此；④ 当行走过程中需要超越前方行人时，要使用"对不起""借过"等礼貌用语；⑤ 在图书馆、会客厅和录音棚等需要安静的场所行走时，动作要轻缓，不要制造噪声，以免干扰他人。

4．蹲姿

在日常生活中，人们在捡拾物品、整理低处物品或系鞋带等情况下，就需要用到蹲姿。恰当、得体的蹲姿能够体现一个人良好的行为习惯与修养；反之，不恰当、不得体的蹲姿则会有损个人形象。

蹲姿的总体要求是迅速、美观、得体，其基本要领如下。

（1）上身保持端正，脊背挺直，一只脚后撤半步，前脚掌踩地，后脚脚跟离地，身体重心落在位于后侧的腿上，然后直腰下蹲，平缓屈腿，臀部下移，双腿合力支撑身体，双膝一高一低，双手分别放在双膝上，如图 6-8 所示。下蹲时，女士可紧靠双腿，避免走光。

图 6-8　正确的蹲姿

（2）起身时，应挺直腰部，平稳起立，收步站好。

（3）下蹲时还应注意以下事项：① 动作应自然、得体、大方，不要遮遮掩掩；② 应与他人保持一定的距离，以免与他人发生肢体上的碰撞；③ 应尽量侧身下蹲，切勿正面面对他人或背对他人；④ 切忌弯腰撅臀，或者采用两脚平行、两腿分开、弯腰半蹲的"蹲厕式蹲姿"；⑤ 不可蹲在椅子上，也不可在公共场合蹲着休息。

（四）体态礼仪

1. 手势语

俗话说："心有所思，手有所指。"手势语是肢体语言的重要组成部分，也是重要的交流工具。有些通过语言无法传达的信息，利用简简单单的手势就可以被人接收并了解。

手势的含义非常丰富，所表达的情感也非常微妙，如招手致意、挥手告别、拍手称赞、拱手致谢、举手赞同、摆手拒绝、手指是怒、手捧是敬、手遮是羞等。准确、恰当地运用手势表达情感，有利于职业人顺利地开展工作和交际活动。

职场上常用的手势语礼仪有以下几种。

（1）引领他人。在社交场合，为他人指示方向、请他人进门、请他人坐下等情况，都需要用到引领手势。引领手势的要点为：掌心向上，四指并拢，拇指张开，右手从腹前抬起，以肘关节为轴向特定方向横摆，或者右臂伸直并抬到与肩同高的位置，或者右臂伸直并从上向下摆动，与躯干成45°角，以指示方向；同时，上体稍前倾，面带微笑，在注视目标方向的同时兼顾对方是否会意。各种常用的引领手势如图6-9所示。需要注意的是，不可以只用一根手指指引方向，这是极不礼貌的。

(a) 请坐　　　(b) 请往前走　　　(c) 请进　　　(d) 里边请　　　(e) 大家请

图6-9　常用的引领手势

（2）递接物品。一般而言，递接物品时，应起身站立，上身略向前倾，用双手递送或接取物品。若不方便双手并用，则应用右手递接，切忌单用左手进行；若递接双方距离过远，则应主动走近对方，双手递接；将有文字内容的物品递交他人时，还须使文字正面朝向对方；递物给他人时，应当为对方留出便于接取物品的部位，不要让其感到接物时无从下手；递送带尖、带刃或其他易伤人的物品时，应使尖、刃朝向自己；接取物品时，应当目视对方，而不能只注视物品。

（3）举手致意。在社交场合，有时需要举手向他人表示问候、致敬、感谢之意。例如，在相距较远又不能高声应答的情况下，悄然无声地举手致意可以将自己对他人的友好和礼貌之情传达出去。举手致意的正确做法是：全身直立，面向对方，确保上身与头部朝向对方；目视对方，面带笑容；右臂由下而上，向侧上方伸至肩部以上；掌心朝向对方，指尖朝上，轻轻摆动几下前臂。

（4）礼貌鼓掌。在观看文艺演出、重要人物出现、听报告、听演讲等场合下，都可能需要用热烈的掌声表示欢迎、祝贺、赞许、感谢等。鼓掌的标准动作是用右手掌轻拍左手掌的掌心。鼓掌时不能戴手套，力度大小、速度快慢、时间长短都应适度；鼓掌要热烈，但不要"忘形"，否则，鼓掌的意义就会变成"喝倒彩""鼓倒掌"，有起哄之嫌。

（5）手势禁忌。在使用各种手势时，切忌指手画脚、手舞足蹈；切忌手势频次过多、动作幅度过大；切忌用大拇指指自己的鼻尖或用手指对他人指指点点。与此同时，由于各地习俗迥异，相同的手势所表达的意思可能有所不同，甚至大相径庭，因此，在使用手势时应注意不同国家或地区的习俗。此外，还应避免出现一些不雅举止，如搔头皮、掏耳朵、抠鼻孔、剔牙、咬指甲、抠眼屎等。

视野纵横

同一手势在不同国家的含义

手势语在世界各个国家都广泛使用。每种文化都有自己的"手势语言"，同一个手势在不同国家的含义不尽相同。

OK 手势

在中国和其他大多数国家及地区，"OK"手势都表示"很好""没问题""好的"等意思。在日本，"OK"手势代表钱。在巴西和德国，做这个手势是一种极为不礼貌的行为。在法国，这个手势表示"零"或"毫无价值"的意思，所以比出这个手势就是说对方一文不值。

竖大拇指

在中国，竖大拇指表示夸奖和赞许，如"太棒了""了不起""顶呱呱""厉害了""太好了"等，是中国人最常用的手势之一。在法国，横向伸出大拇指表示要搭车。在印度尼西亚，伸出大拇指表示指东西。在澳大利亚，竖大拇指是一种粗野的动作，有骂人的意思。

剪刀手

"V"是英文和法文单词"胜利"的第一个字母。在欧洲很多国家表示胜利的意思。但是，在英国、澳大利亚和新西兰，手背朝外比出剪刀手的手势表示骂人的意思。

竖掌叫停

在中国，竖掌叫停（见图6-10）在大多数时候表示"停止"的意思。如果你想让车停下来，就可以做这个手势。这个手势在北美地区同样适用。在希腊，这个手势的意思是"用粑粑抹你一脸"。在希腊工人罢工的时候，经常能见到这个手势。

图6-10 竖掌叫停

长角牛手势

在中国的各种演唱会上，很多乐迷会在演唱会高潮时用长角牛手势（见图6-11），表示音乐非常好、大家一起"嗨起来"的意思。在意大利、葡萄牙、西班牙、巴西、哥伦比亚，以及一些巴尔干半岛国家，这种手势是极具冒犯性的。

图6-11 长角牛手势

勾手指

在中国，勾手指（见图6-12）在大多数情况下表示"过来"的意思，但有不尊重的意味。在菲律宾，这个手势只适用于狗。如果用这个手势招呼朋友或客户，则会被人认为你看不起他，或者是你在骂他。

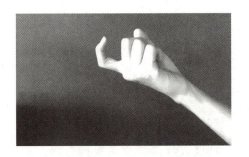

图6-12 勾手指

2. 表情语

人们常说："情动之于心，形之于外，传之于声。"表情是人内心的情感在面部或身体姿态上的表现。例如，人们在情绪欠佳或心怀不满时，往往眉头紧锁、一脸愁云，脸部肌肉动作向下；人们在心情愉快时，往往活泼好动、喜形于色，甚至手舞足蹈，脸部肌肉动作向上；人们在专心致志地思考某一问题时，往往嘴巴紧闭、身体前倾、眉毛紧锁；人们在对某一事物表示不以为然或蔑视时，往往脑袋稍偏、嘴角斜翘、鼻子上挑；人们在感到诧异或吃惊时，往往口张大、眼瞪大、眉挑高；等等。这说明表情在人与人之间的情感沟通上占有相当重要的地位。

在职场中，非常重要的表情语就是目光和微笑。

（1）目光。

眼睛是心灵的窗户，往往能反映一个人的内心世界。目光则是一种无声的语言，往往能够表达有声语言难以表达的意味和情感。在平时的工作中，职业人应具有坦然、亲切、有神的目光。特别是在与人交谈时，职业人的目光应始终注视对方，不能躲闪或游移不定。目光呆滞、漠然、疲倦、冰冷、惊慌、凶狠或轻蔑，都是不礼貌的。

与他人交谈时，目光相互接触的时间通常占交谈时间的30%～60%。目光接触时，每次的接触时长最好在3秒以内，其余时间可注视对方脸部以外5～10米处，这样显得自然而有礼貌。目光接触的角度可以反映自己与人际交往对象的亲疏关系。在职场上，职业人应多用平视或仰视的目光注视人际交往对象双眼至下颌之间的三角区域，表示坦诚、平等、自信，或者表示重视对方、对其发言颇感兴趣。

（2）微笑。

每个人都会微笑，但有很多人却不善于利用微笑。微笑是社交场合最富吸引力、最令人愉悦、也最有价值的面部表情。它能反映职业人的自信和涵养，还可以与语言、动作相互配合，传达友善、谦恭、歉意、谅解等情感信息。例如，微笑着接受批评，表示自己承认错误，但不诚惶诚恐；微笑着接受荣誉，表示自己充满喜悦之情，但不骄傲自满；遇见领导和老师时面带微笑，表示尊重；面对困难时面带微笑，表示自己有战胜困难的勇气和信心；等等。

职业人应善于用发自内心的真诚微笑增添自信、美化形象、传递友好、减少摩擦、消除隔阂，将微笑作为人际交往的润滑剂，促进职业活动的顺利开展。

> **课堂活动**
>
> 小刘最近特别不愿意去上班，主要原因就是：办公室同事小魏，每天不是长吁短叹、垂头丧气，就是一副苦大仇深的样子；同事小孙，也不知道有什么想不开的事，动不动就哭天抹泪、声泪俱下，把整个办公室的气氛搞得很压抑。此外，门口传达室的张大爷，和人说话时眼皮都不抬一下，一大清早的就给人心里添堵。
>
> 请思考：案例中的小刘该如何做，才能调整好自己的状态？同事小魏和小孙应该怎么做才能更好地融入集体、建立和谐的人际关系？

二、遵守办公礼仪

无论是在自己的工作岗位上，还是在公共办公区域，职业人都要遵守一定的办公礼仪规范。遵守办公礼仪既能反映个人的礼仪修养，也能体现企业文化和管理水平。

（一）办公基本礼仪

大部分职业人的办公环境都比较固定。为了创造更好的工作氛围，无论是在自己的工作岗位上，还是在公共办公区域，职业人都要遵守一定的办公礼仪规范。

1. 办公环境礼仪

大部分职业人的工作都是在办公桌前完成的。办公桌虽小，却是一面镜子。整洁的办公桌可以反映出职业人的干练个性和工作的高效率。

保持整洁的办公环境，职业人应做到以下几个方面。

（1）经常清理自己的办公废弃物，不宜长期堆放在室内。

（2）办公室内的桌椅、文件柜、茶具的摆放应以方便、安全、高效为原则。

（3）定期擦拭自己的办公桌及办公用品，保持办公桌及办公用品干净、整洁。

（4）最好将办公用品分类摆放，做到整齐有序。同时，尽量不要把与工作无关的私人物品摆放在办公桌上。在不影响工作的前提下，可以摆放一些装饰性的小物品，如盆栽、小挂饰等，在美化环境的同时，可以帮助职业人放松心情、提高工作效率。

（5）下班时要整理办公桌，将文件或资料一律放到抽屉或文件柜中，并做好文件分类归档工作。

2. 言行举止礼仪

（1）仪表仪态大方，符合办公场所要求。一旦进入办公场所，职业人就应时刻注意自身的仪表仪态，保持整洁得体的着装、规范严谨的举止和良好的工作姿态。

（2）遵守办公纪律，准时出勤。职业人应严格遵守企业的工作时间规定，准时上班，最好提前 10 分钟进入办公室，以便有充分的时间准备好当日办公所需的资料和用品。如遇雨雪天气，则应先将泥污水渍清理干净再进入办公室。下班时，应尽量完成当天计划完成的工作后离开，切忌未到时间就坐等下班或早退。离开办公室时，应整理好办公用品及资料，以便次日继续使用。在关闭所有办公设备并确认无误后，方可离开。

（3）在上下班的路上遇到同事或领导时，应主动微笑致意。因特殊情况可能迟到或缺勤时，应提前跟主管领导联系或请假，以便主管安排工作。

（4）公私分明，言行规范。在办公期间，职业人应严格区分公事和私事，遵守工作规范，恪守职业操守，做到以下几点：不在办公期间阅读无关的书籍或资料；不在办公时间上网聊天、玩游戏、看影视剧、听音乐、炒股和网购；不用办公室电话拨打私人电话，且尽量少接听私人电话；不在办公时间约朋友到办公室拜访；不用办公设备处理个人事宜；等等。

（5）文明用语，礼貌待人。与人交谈时，要音量适中，称呼得当，语气谦和，多使用谦语、敬语，讲普通话；不在办公区域吸烟、大声喧哗、吃零食、打瞌睡，出入办公区域时要轻手轻脚；与同事交流问题时，应起身走近同事，不能影响他人；不随意在办公区域来回走动，以免影响他人工作；出入他人办公室时，进门前要先敲门，未经允许不要贸然进入；如需借用公用物品或他人物品，使用后应及时送还；未经许可，不得翻阅不归自己负责的文件或资料；如需在办公时间会客，则应向主管领导告知去向、原因、所需时长、联系方式等，若主管不在，则应向同事交代清楚。

课堂活动

案例一

小张大学毕业后成了某贸易公司的一名职员，上班朝九晚五。该贸易公司位于市中心的繁华地段，那里的交通一直比较拥堵。某个周一上午，时间已过了 9 时 15 分，小张身穿牛仔裤，脚蹬运动鞋，顶着一头乱发气喘吁吁地跑进办公室，刚一落座就从包里掏出面包、牛奶、茶叶蛋等吃起来。为了尽快开始工作，小张边吃早餐边打开电脑。正在这时，部门主管过来询问上周安排的项目的工作进度，小张赶紧将食品包装推到桌子一角，手忙脚乱地翻找着文件。主管见状不禁摇头，随即委婉地对小张提出了批评。

案例二

小李是某公司新录用的一名员工，她入职后很快就成了同事们"敬而远之"的对象。原因就是：她只要对哪位上司有意见，就会马上和大家"分享"这位上司的小道消息、绯闻；她看不惯哪个同事，就会到处说那个同事的坏话；她每次取得不错的业绩时，就会看不起那些比她业绩差的同事，还总是想指点别人……很快，小李就变成了"人见人烦、花见花谢"的人。

请思考：小张为什么会受到批评？小李为什么让人"敬而远之"？你觉得小张和小李应怎样规范自己的言行举止？

3. 办公公共区域礼仪

（1）电梯间礼仪。① 遇到同事或他人时，应面带微笑、点头致意，可略做寒暄；② 上下班时，如果电梯里人多拥挤，那么先进入者应主动往里走，以便为后来者腾出空间，后进入者应视情况而行，不要强行挤入；③ 当电梯显示超载时，最后进入的人应主动退出电梯，如果最后进入的是年长者，先进入的年轻人应主动让出空间；④ 进入电梯后，如他人有需要，则应主动为他人按电梯楼层键或开关键，如需要请他人代为按键，则应使用礼貌用语；⑤ 不要在电梯内接打电话、大声喧哗，或者谈论单位、部门的内部事务。

（2）公用茶水间、洗手间礼仪。① 应正确使用茶水间设备，节约用水，避免浪费，并注意保持环境卫生；② 茶水间或洗手间的人较多时，应礼貌谦让；③ 遇到同事时，不要装作没看见或低头不理，而应主动跟对方打招呼，稍做寒暄；④ 不要在洗手间、茶水间扎堆聊天，更不要议论公事或他人隐私。

（3）会议室礼仪。① 因会议室供多部门共用，为避免发生会议冲突，安排会议时应事先与管理人员进行预约；② 使用完毕后，要带走有关资料，关闭设备，恢复会议室的整洁，并及时交还钥匙。

4. 使用公用设备礼仪

在使用打印机、复印机、传真机等公用设备时，职业人应遵守以下规范。

（1）不能用公用设备打印、复印、传真私人材料。

（2）应遵循先后有序的原则。一般是先到者先用，先到者应礼貌地请排在后面的同事稍等一会儿。如果将要占用公用设备较长时间，而轮候在后面的同事赶时间，则可让后者先使用设备；如果同事为自己让出设备，则应表示感谢。

（3）设备纸张用完时，应及时添加。如果遇到设备故障，应处理好再离开。如果不会处理，则可请维修人员帮忙，千万不能一声不吭、一走了之，将问题留给下一位同事。

（4）注意保密。使用公用设备后，一定要将原件带走，以免资料丢失或泄密。

（二）会面礼仪

职业人正确掌握职场会面的礼仪，可以在与他人会面时有礼有节、大方得体，给对方留下好的印象，从而顺利地开展自己的工作。

1. 称呼礼仪

在职场上，人们彼此之间的称呼是有规律性的。慎用称呼、巧用称呼、善用称呼，能够帮助职业人赢得他人的好感，有助于人际沟通的顺利进行。

职场称呼的礼仪要求包括以下几点。

（1）要采用常规称呼。

常规称呼是指约定俗成的、较为规范的称呼，具体可分为以下几种。

① 行政职务。在政府活动、公司活动、学术活动等较正式的活动中，应使用行政职务称呼，如"李局长""王总经理""刘董事长"等。

② 技术职称或学术头衔。如果被称呼者是该领域内的权威人士、专家或佼佼者，则可以称呼其技术职称或头衔，如"李总工程师""张教授""王会计师"等。

③ 行业称呼。如果知道被称呼者的职业，却不知道其职务、职称等具体情况，则可采用行业称呼，如"解放军同志""警察同志"等。

④ 泛尊称。泛尊称是指社会各界人士在较为广泛的社交范围中都可以使用的、表示尊重的称呼，如"女士""先生"等。

此外，还有一些称呼在人际交往中也经常使用，如"叔叔""阿姨"等。

（2）要区分具体场合。

在较为正式的场合，有些称呼是不能使用的，主要涉及以下几种。

① 无称呼，即不称呼他人就没头没脑地跟人家搭讪、谈话，这种做法容易引起他人不满或误会。

② 不适当的简称，如人们称呼"王局（长）""李处（长）"，一般不易引起误会，但是如果叫"王校（长）""李排（长）"，就容易使人认为这是某人的全名，从而引起误会。

③ 有些称呼听起来很亲切，但是不适合在正式场合使用，如"兄弟""哥们儿"等。

（3）避免误读。

在称呼他人时，还要避免误读，特别是不能读错姓名，如将姓氏"仇"（qiú）读成（chóu）、"库"（shē）读成（kù）等。对于不认识或不确定的字，一定要事先查清楚。如果临时遇到生僻字，要向他人虚心请教。

（4）不使用不通行或不当的称呼。

例如，北京人喜欢称他人为"师傅"，山东人喜欢称他人为"伙计"。但是，在南方有些地区，"师傅"是"出家人"的意思，"伙计"是"打工者"的意思。

 视野纵横

职场新人该如何称呼他人

职场新人称呼同事要做到"勤"和"甜"。

很多刚出校门的大学生不太了解职场礼仪，刚进企业时，不知道如何迅速融入团队中，也不知道怎样给别人留下好印象。其实，对于职场新人来说，所有的人际交往都是从一声简单的称呼开始的。

新人报到后，首先应该对自己所在部门的所有同事有一个大致的了解。在与同事沟通前，应先进行自我介绍，然后再与同事沟通。如果清楚对方的职位，且对方是领导，那么职场新人可以直接用职务称呼，如称呼其"张经理""王经理"等；如果对方是其他同事，则可以一律称"老师"，这种称呼一方面能表明自己职场新人的身份，另一方面也可以表示自己初来乍到，很多地方还要向同事们学习。

等和其他同事熟悉了之后，职场新人可以按年龄区分和自己平级的同事。对于年龄比自己大许多的同事，可以继续称其为"老师"，或者与其他同事使用同样的称呼。对于和自己年龄相仿，且入职时间不长的同事，若关系很好，就可以直呼其名。

2. 握手礼仪

握手可以表达欢迎、惜别、祝贺、鼓励、感谢、慰问、信任等情感。一般来说，握手通常适用于以下几种场合：① 遇到较长时间没见面的熟人时；② 在比较正式的场合与人道别时；③ 主人迎接或送别客人时；④ 被介绍给不认识的人时；⑤ 在社交场合遇到亲朋故旧或上司时；⑥ 对他人表示感谢、恭喜、祝贺、理解、支持、肯定时；⑦ 向别人赠送礼品或颁发奖品时。

在需要握手的场合，职业人需要遵守以下握手礼仪。

（1）握手方式。在行握手礼时，双方均应起立，并下面迎向对方，上身略向前倾，右手从体侧抬起，四指并拢，大拇指微翘，掌心向左，与对方的右手相握，也可以用双手与对方相握，如图 6-13 所示。握手时应掌心相对，上下摇动两到三下即可，摇动的幅度不宜过大，切忌掌心向下并以己之手握压对方的手，或者只握住对方的手指部分，如图 6-14 所示。握手时，应正视对方并面带微笑，同时应相互问候，问候结束后即可松开紧握的手。通常来说，握手时长以 3～5 秒为宜。

图 6-13　正确的握手姿势

图 6-14　错误的握手姿势

（2）握手顺序。传统做法是上级在先、主人在先、长者在先、女性在先；需要与多人握手时，可按照"由尊到卑"或"由近而远"的原则依次进行。宾主握手的顺序为：客人抵达时，应由主人先伸手，以示欢迎；客人告辞时，应由客人先伸手，表示请主人就此留步。

（3）握手禁忌。切忌用左手与他人相握；切忌用双手与异性握手；切忌多个人交叉握手；切忌戴着墨镜与人握手；切忌戴着手套与人握手；切忌漫不经心地与人握手；切忌拒绝与他人握手；切忌握手的时候将另一只手插在衣袋中；切忌强迫他人与自己握手。

3. 介绍礼仪

介绍是职场会面活动中的一个重要环节，无论是介绍他人还是自我介绍，都应遵守一定的礼仪规范。职场的介绍礼仪主要包括以下内容。

（1）介绍他人的顺序。

介绍他人时，应遵循先卑后尊、先少后长、先男后女、先主后客、先下级后上级的原则进行。例如，介绍上级与下级认识时，应先介绍下级，后介绍上级；介绍长辈与晚辈认识时，应先介绍晚辈，后介绍长辈；介绍客人和主人认识时，应先介绍客人，后介绍主人；介绍先到者与后来者认识时，应先介绍后来者，后介绍先到者；等等。

（2）介绍他人的方式。

介绍他人时，应根据不同场合或不同需要，采用不同的方式进行。通常，介绍他人的方式有以下几种。

① 简介式介绍，适用于一般社交场合，内容只有双方姓名一项，有时只提到双方姓氏。例如，"我来介绍一下，这位是张教授，这位是刘教授"等。

② 标准式介绍，适用于正式场合，内容以双方的姓名、单位、职务等为主。例如，"我来为两位引见一下。这位是××公司销售部经理李××女士，这位是××公司总经理林××先生"等。

③ 强调式介绍，除了介绍被介绍人的姓名外，往往还会刻意强调一下其中一位被介绍人与介绍人之间的特殊关系，以便引起对方的重视。例如，"这位是我的女儿刘××，请杨总多多关照"等。

④ 推荐式介绍，适用于比较正规的场合，目的是将某人举荐给他人，介绍时通常会对前者的优点加以重点介绍。例如，"李总，这位是王××先生，他是一位出色的企业管理人才，对企业管理很有研究。你们可以聊聊"等。

（3）其他注意事项。

① 介绍者要注意自己的姿态。作为介绍者，无论介绍哪一方，都应动作文雅、面带微笑、热情友好，介绍语应简单明了、脉络清楚。

② 介绍者在介绍之前，要先征求双方被介绍者的意见。被介绍者在介绍者询问自己是否有意认识某人时，一般应欣然表示接受。如果实在不愿意，应向介绍者说明缘由，以获得谅解。

③ 在介绍时，最好是姓名并提，还可附加简短的说明，如被介绍者的职称、职务、爱好和特长等。这种介绍方式给被介绍双方提示了开启交谈的话题，最易被人接受。

扫一扫

自我介绍的内容和方法

④ 介绍者介绍完毕后，被介绍的双方应依照合乎礼仪的顺序握手，并且彼此使用"您好""很高兴认识您""久仰大名""幸会"等礼貌用语问候对方。同时，被介绍的双方都要用心记住对方的名字。

⑤ 在某些场合需要进行自我介绍时，所介绍的信息应实事求是、真实可信，做到表情自然、态度友善、面容亲切、语气平和、语速平缓、吐词清晰，并适当多加入一些谦辞、敬语。在不同的场合，可以采取不同的方式介绍自己。例如，在会议、演讲时，可以规范地介绍自己："女士们、先生们，大家好！我叫宋玉，是××公司人事经理。值此之际，谨代表本公司热烈欢迎各位来宾莅临指导，谢谢大家的支持。"在公务交往时，可以简单地介绍自己，内容包括姓名、单位和职务等。在进行自我介绍时，应力求简洁，不要拖泥带水。

需要注意的是，每个人都渴望了解初次相识的人并获得对方的尊重，恰当的自我介绍，不仅能满足对方的愿望，而且能充分展示自己的个人魅力，给自己的形象加分。因此，在不同的场合，面对不同的人做自我介绍时，职业人应该根据环境变化，灵活地进行自我介绍。必要时，可使用幽默、风趣的语言进行自我介绍，以达到出人意料的效果。

4. 交谈礼仪

语言是人际交往双方信息沟通的桥梁，也是双方思想感情交流的渠道。作为沟通、交流的一种方式，语言交谈要遵循一定的礼仪规范。具体说来，交谈时，职业人应注意以下几点。

（1）正视对方。要眼睛注视对方，保持微笑。

（2）体态端正。要避免做小动作，如双手交叉、身体晃动、摸头发、摸耳朵、摸鼻子等，也不要摆弄其他小物件，以免给人不耐烦的感觉。

（3）兼顾他人。当谈话者超过三个人时，应不时地同其他人都聊上几句话，而不能厚此薄彼。

（4）话题适宜。当选择的话题过于专业，或者不被众人感兴趣时，应立即更换话题；

当有人反驳自己时，不要恼羞成怒，而应心平气和地与之讨论，委婉地表达自己的观点。

（5）善于聆听。交谈是双向的过程，一个人不能总处在"说"的位置上，还要耐心倾听他人表达。此外，听他人说话时要让对方把话讲完，不要突然打断对方。在他人表达完自己的观点后，应积极反馈，适时地点头、微笑或简单重复对方谈话的要点。

（三）职业人际关系礼仪

良好的人际关系有利于职业人顺利开展工作。职业人际关系礼仪主要体现在与上司、同事相处两个方面。

1. 与上司相处的礼仪

在职场中与上司相处时，须做到以下几点。

（1）尊重上司，维护上司权威，不越级越位。职场是一个注重等级的场所，下属切不可忘乎所以、越过上下级界限。该由上司管的事，不要主动插手；在上司说话的时候，不要抢着说；与上司产生分歧时，不要当众与上司争辩；当上司对工作提出批评时，要专注地倾听、虚心地接受，不要表现得心不在焉；即使上司的批评有不当之处，也不能当面顶撞，而应在事后礼貌、委婉地向上司表达自己的看法。

（2）注重礼节，把握好与上司之间的距离。下属对上司的称呼要分清场合，在正式场合需要使用正式称呼，不要使用简称。无论在公司内还是在公司外，只要上司在场，下属离开时都应向上司致意。即使与上司的关系较为融洽，或者私下与上司是好朋友，也不能在工作场合毫不避讳地直呼其名、称兄道弟或随意开玩笑。

（3）注意仪态，遵守汇报的礼仪。① 向上司汇报工作时，应准时到达，过早或迟到都不礼貌。② 进入上司的办公室前，应先轻轻敲门，非请勿入。③ 汇报前一定要提前准备好汇报的内容和措辞，以免汇报时内容残缺、条理不清、词不达意。④ 汇报时应力求用词准确、语句简练。⑤ 汇报时间不宜过长，一般应控制在半小时以内。⑥ 如果汇报过程中手机响起，则最好不要接听；如果对方再次来电，可以侧转身体后小声接听，向对方致歉并告知对方此时自己不方便接听电话，稍后会回电；如果在汇报过程中，上司接到重要来电，则下属应回避。⑦ 汇报结束后礼貌离场。

2. 与同事相处的礼仪

与同事相处得如何，直接关系到职业人的事业发展状况。同事之间彼此尊重、以礼相待、关系融洽，才能共同营造现和谐的工作氛围，有益于共同成长。

要想处理好同事关系，职业人在礼仪方面应注意以下几点。

（1）尊重同事的人格，不能将自己的想法强加于人。每个人的长相、口音、衣着、习惯、爱好、背景或观念都不同，不能用同一把尺子衡量每一个人，更不能苛求别人。

（2）尊重同事的工作成果。当同事展示自己的工作成果时，要意识到这是同事付出时间、心血、智慧后所获得的劳动成果，要懂得欣赏其中的闪光点。即使觉得不够好，也不应直接说出来，而应委婉地表达，先肯定其优点再指出其不足。

（3）尊重同事间的距离感。不要窥探同事的私事、秘密，更不要背后议论、传播。有人找同事谈话，或者同事接听电话时，不要旁听或偷听。总之，即使是关系密切的同事也不要相处得"亲密无间"，保持适当的礼仪距离有助于减少同事之间的误会或摩擦。

（4）友好相处，礼貌相待。尽管同事之间每天都见面，但上班见面时仍应主动问候对方或点头微笑致意。办公期间中途离开办公室应则主动告知其他同事，下班时也应向同事道别。平时与同事交流时要使用"您""请""劳驾""多谢"等礼貌用语。应尊重公司里的前辈、老员工，遇事多虚心请教，交谈时尽量使用敬语和礼貌用语。

（5）休息闲谈时，同事之间可以开开玩笑，但要注意对象和场合，对长者、前辈和不太熟的同事都不适合开玩笑。闲谈时说话音调宜低不宜高，忌讲粗话和低俗的笑话。如果谈话中产生了不同意见，不必太较真，可以开个玩笑并转移话题，不要因为闲谈伤了同事之间的和气。闲谈还应把握时间、适可而止，绝不能耽误了正常工作。

（6）诚心帮助，真诚关心。当同事工作表现出色时，应予以真诚的祝贺；当同事工作不顺利时，应予适当的关心和帮助。

（7）当个人生活或工作不顺心时，不要逢人就诉苦，让同事成为自己的"垃圾桶"。更不应将自己的坏情绪、坏脾气带到职场，把同事当成"出气筒"。

（8）对自己的失误或自己与同事之间的误会，应主动道歉说明，征得对方的谅解。

遵守同事相处礼仪，营造公平竞争环境

小瑜毕业后，就应聘到某网站做编辑，同时应聘进该单位的还有她在大学时关系较好其他专业的一个同学，并且她和这位同学恰巧都被分在了同一个部门。小瑜非常开心，她认为和同学在一起，自己能够更快地适应这份工作，并把工作做好。

但事与愿违。在工作中，小瑜发现，自己和同学的工作内容几乎一模一样，想法也大致相同。"我能想到的题目，同学也能想到；我能完成的任务，同学也能很快完成。所以很多时候，我俩只能有一个让步。碍于同学之间的情面，每当这种时候，我都不好意思当面跟她争，所以大多数情况下，都是我做出让步。"小瑜无奈地说。小瑜很不甘心每次都让步，但同学的关系又让她无法"理直气壮"地争取。一段时间之后，小瑜发现自己在工作中经常"缩手缩脚"。

更让小瑜难以接受的是，其他同事好像对她和同学之间的关系有诸多不满。由于小瑜和同学的关系一直不错，所以经常在下班后一起结伴吃饭、聊天、游玩。起初，小瑜并未觉得有什么不妥，但是时间长了后，就听到有同事说，她们几个私下里在搞小圈子。面对这种议论，小瑜只能慢慢疏远和同学的关系。可是时间久了，她却发现自己好像被大家孤立了。

小瑜苦恼的还有一件事。小瑜现在的主管领导是她在大学时的一位学长。"我和学长以前在学校时关系还不错，经常一起聊天、聚会。进入工作单位之后，我并没有觉得有什么不同，我还是经常找学长聊天。后来我和另外两个同学很快发现，有时我们在私底下对单位的一些无所顾忌的议论，都被学长'汇报'到上级领导那里去了。我很害怕上级领导因此而对我有什么不好的印象。所以现在，我和学长的关系也变得疏远了。"小瑜无奈地说。

昔日的同学变成了竞争对手，同窗情谊已然变味；昔日的学长变成了上级，还要时刻提防。这些都让小瑜感到格外别扭，渐渐地成为她心头的一块大石。小瑜觉得，如果长此以往，自己的事业发展将会受到阻碍。于是，在经过深思熟虑后，小瑜最终选择了辞职。

小瑜遇到的问题，其他职场新人可能也会遇到。

要想处理好这类关系，职场新人应首先把工作与感情分开，分清工作与生活的界限，不要过多地把感情因素与工作混淆在一起。其次，在工作中要从专业、公平的态度出发，保证良性竞争，为自己创造公平竞争的环境，该争取时就争取。最后，应保持良好的心态，与昔日同窗和新认识的同事分享工作心得，共同进步。

三、规范通信礼仪

（一）座机礼仪

1. 拨打电话的礼仪

（1）选择恰当的通话时间。拨打方应根据通话对象的具体情况，以方便对方为基本原则择时通话。一般而言，工作电话应当在工作时间拨打，但应避开刚刚上班、即将下班

和午餐前后，不宜在下班之后或节假日拨打，尤其不应在凌晨、深夜、午休或用餐时间"骚扰"他人。如确有急事不得不打扰别人休息，则应在接通电话后首先应向对方致歉。拨打国际长途电话时，应考虑到本地与对方的时差，然后选择合适的时间。

（2）提前准备，言之有物。① 通话前，拨打方应就通话内容做好充分准备，明确自己所要表达的内容。可事先在便笺上列出一个条理清晰的提纲，以免遗漏要点。② 电话接通后，要简明扼要，直奔主题，言之有物。

（3）耐心拨打。拨打电话时，要耐心等待对方接听电话。一般而言，至少应等铃声响过六遍或是大约半分钟时间，确认对方无人接听后才可挂断电话。切勿急躁，在铃响几声后就断定对方无人而挂断电话，或者挂断后反复重拨。

（4）遵循"通话三分钟"原则。拨打方务必做到长话短说，尽量将一次通话时间控制在三分钟之内。如果预见到电话交谈的内容较多、时间较长，那么在通话之初可以先简短概括要涉及的事务并礼貌地询问对方此时沟通是否方便。如对方表示无碍则可继续交谈，如对方表示不方便则可另约时间。

2. 接听电话的礼仪

（1）及时接听。电话铃一响，就应即刻停止手中的工作，及时接听。如果确有重要事情而耽误了接电话，电话铃响了很久才接听，则务必向对方解释，并表示歉意。

（2）做好记录。任何一次来电都有可能是一次重要的信息传递。因此，接听人应当在电话旁配备完整的记录工具，如电话记录表（见表6-1），养成一听到电话铃就拿起纸笔，适当地记录通话要点的习惯。

表 6-1　电话记录表

来电时间		
来电人信息	姓名	
	单位	
	电话	
找谁		
来电事由		
处理方式	将再来电	
	请您回电	
	紧急处理	
电话记录人		
备注		

（3）由于种种因素，在办公时间需暂时离开以致无法接听他人来电时，可委托他人代为接听，并请受托之人留下致电者的姓名、单位及电话号码，转告致电者自己会在回到办公室后即刻复电。一般不宜要求对方稍候再来电，以免给人以"摆架子"的感觉。也可请受托之人在对方同意的情况下，代为记录来电内容，但须确保记录准确无误，以免误事。

（4）热情转接。如果接电话时发现对方找的是自己的同事，则应请对方稍候，然后热忱、迅速地帮对方找受话人，切不可不理不睬、漠然视之或直接挂断电话，也不可让对方久等或在电话旁大声喊叫受话人的名字。如果对方要找的人不在或不便接电话，则应向对方致歉，让其稍后再拨。如果对方愿意留言，则可代为传达信息，并准确做好记录。如果对方不愿留言，切勿刨根问底。

课堂活动

小赵大学毕业后入职了一家建筑企业。

第一天上班，经理安排小赵负责接听电话。小赵心想："接电话有何难，我三岁就会了，小菜一碟。"第一个座机铃声刚响起，小赵立刻抓起话筒，说道："喂，你找谁？"紧接着，他朝经理大声喊着："经理，你的电话！"第二个电话又是找经理的，但此时经理已外出办事，小赵回复说："经理外出去谈业务了。"对方接着问："你知道他的手机号吗？"小赵热情地告知对方并在对方的道谢声中说了再见。

第二天，经理专门找小赵谈话，叮嘱他好好学学电话礼仪。

请问：小刘接电话时，哪些做法不符合礼仪规范？应如何纠正？

（二）手机礼仪

手机的便捷与高效，提高了人们的工作效率。在职场中使用手机，除了要遵循电话礼仪外，还应遵守以下特殊的礼仪规范。

（1）拨打和接听手机要注意场合。在开会、会客、谈判、签约及出席重要的仪式、活动时，应将手机设置为振动或静音状态。若有重要来电必须接听，则应迅速离开现场，再开始与对方通话；如果实在不能离开，又必须接听，则应尽量压低音量，一切以不影响在场的其他人为原则。与他人共进工作餐，特别是陪客户用餐时，如果有来电，最好先对客户说一声"对不起"，再去洗手间或走廊接听，尽量控制通话时间，做到快去快回，避免让客户久等。

（2）将手机放置在合适的位置。在商务场合，一般应将手机放于随身携带的公文包或上衣的内袋里。开会时不宜将手机放于桌面上。

（3）设置恰当的铃声。手机铃声间接反映了手机使用者的个性特征，不恰当的手机铃声会影响其职业形象。

（4）随时保持手机畅通。如有未接来电，一般应及时与对方联络，并表达未能及时接听电话的歉意。

（5）重视私密性。未经同事、上司、客户的同意，不宜将他们的手机号码随意告知他人，也不宜随意将自己的手机借与他人使用。

（6）注重保密性。工作中的重要信息、业务往来的具体资料都不宜存储于手机中，以免手机遗失造成泄密。

（三）电子邮件礼仪

电子邮件是指利用计算机所组成的互联网络，向交际对象发出的一种电子信件，是职场中常用的办公方式之一。一封专业而礼貌的电子邮件可以给人留下深刻的影响，并对塑造完美的职业形象起到积极作用。电子邮件礼仪的具体要求如下。

1. 邮件内容

（1）邮件主题。写邮件时，首先应明确邮件主题，一般来说，邮件内容的关键词可以作为邮件主题。

（2）称呼语和问候语。应用合适的称呼和礼貌的问候语为邮件开头，如"尊敬的先生/女士：您好！"；用祝福语为结尾，如"祝工作顺利"等。

（3）邮件正文。正文应简明扼要，行文通顺，表述清晰，在不影响信息传递的前提下，多用简单词汇和短句。如有附加的文档、表格、图片等，可以附件的形式发送。

（4）语气和行文风格。应根据邮件的对内对外性质、收件人与自己的熟络程度、等级关系等选择适当的语气和行文风格，尽量多使用礼貌用语，以免引起对方的不适。

2. 发送邮件

（1）确认接收范围。在发送邮件时，应确认邮件的接收范围，避免超范围发送或漏发。

（2）按规则排列收件人。应遵循一定的规则排列各收件人（包括收件人、抄送人等）。例如，可以按部门排列，也可以按职位等级从高到低或从低到高排列。如果邮件内容是部门内部的工作安排、工作回复、跨部门沟通等情况，那么只抄送给相关人员即可。

（3）涉及公司层面的邮件需上级批准。关于公司层面的通知、报告等内容的邮件，必须由经理级以上人员批准后再发送，不得以个人名义发送。

（4）回复邮件。回复邮件时，应认真阅读、及时回复。如果正在出差或休假，则应设定自动回复功能提示发件人，以免耽误工作。

最后一道考题——明礼者更容易成功

某公司公关部要招聘一名职员，许多人前来应聘。经过数轮笔试和面试后，只有5个人留了下来。这5个人都非常优秀，该公司通知他们回家等待最后的结果。

几天后，5人中的小孟收到一封来自该公司的电子邮件，内容是："经过公司研究决定，你落聘了。因名额有限，实是割爱之举。但是我们欣赏你的学识和气质，我公司以后若有招聘名额，必会优先通知你。另外，为感谢你对本公司的信任，邮件随寄了一张本公司产品的优惠券。祝生活愉快！"小孟看到邮件，得知自己落聘后，十分伤心。但是，他还是礼貌地给这家公司发了一封简短的感谢信。

3天后，小孟意外地收到了这家公司人事经理的电话。人事经理高兴地通知他说："经过公司的经理层会议讨论，你已被正式录用为我公司公关部职员。"原来，电子邮件是公司的最后一道考题。其他几名应聘者都因没有及时回复邮件而落选了，只有小孟遵守了邮件礼仪，成了最终的胜利者。

（四）即时通信工具礼仪

随着科技的快速发展，QQ、微信等即时通信工具让人们的沟通有了崭新的模式。职员在享受便捷的沟通方式的同时，也应注意这些即时通信工具的使用规范，并遵守相应的礼仪。

1. 工作时段礼仪

工作期间应将工作微信、工作QQ与私人微信、私人QQ区别使用，避免交流与工作无关的信息。依照自己的实际情况，设定即时通信工具的状态，以方便工作中的沟通联络，如果因特殊情况不能在线时，应及时查看有关工作内容的留言和最新消息。

2. 命名与签名礼仪

使用工作群时，应按照企业的统一要求命名群名片，而不要使用网络昵称。工作微信和工作QQ的个性签名要积极向上，一般多采用自我激励、鼓舞团队的话语，避免使用消极负面的话语。

3．群内发言礼仪

在群内发言时，应注意以下事项：① 不要在工作群中聊天和讨论与工作内容无关的话题；② 群内的发言应围绕工作展开，确保主题积极、内容健康、语言文明；③ 聊天时必须把握分寸，不要拿他人的尊严、名誉、私人问题等调侃或取乐，也不要进行人身攻击，更不要使用污言秽语或侮辱、诋毁、诽谤、嘲讽性质的语言。

4．添加好友礼仪

需要添加他人为好友时，务必要填写相关的身份信息，方便对方确认同意。待对方同意后，应与会话对象礼貌地打招呼，对要解决的问题、相关链接、图片进行简要说明。

5．回复信息礼仪

看到别人针对自己发问、咨询，或者收到别人的留言时，都应及时回应。如果会话对象没有回复，则可以主动、礼貌地留言。留言或回复时，应检查是否有错别字，或者是否有容易引起歧义的内容，避免引起对方的误解。

6．其他注意事项

沟通重要而又需要立刻得到回复的事情时，应避免使用即时通信工具，最好通过电话或面对面进行沟通，以免对方因为网络问题而无法收到，从而耽误工作。

 探索与训练

一、基本姿态训练——助你成功迈向职场

1．站姿比赛

（1）学生每两人一组，背靠背站立。两人的后脑、双肩、臀部、小腿肚、脚后跟都应紧靠在一起。

（2）在两人的肩部、小腿部相靠的地方，各夹放一张名片。两名学生要相互配合，确保名片不滑落。

（3）教师做裁判，判定保持得最久的小组获胜。

2．坐姿比赛

（1）学生每 5 人一组，每人头顶上放一本书，并做到以下几点：上身正直，颈部挺直，双目平视前方，面带微笑，保证头顶上的书不滑落。比赛时间为 5 分钟。

（2）其他组的学生可作为裁判，评出参赛组中坐姿最规范者。

（3）一组比赛结束后，换下一组继续。

二、知识竞赛——开启礼仪之门

活动目的

深入学习职场礼仪的规范和要点，提高对职场礼仪的认识和理解。

活动流程

（1）学生自愿组队，每2～3人为一组，并选出一名学生做主持人。

（2）第一轮比赛由主持人出题，各代表队轮流作答。每队15道题，每道题的答题时间为5秒。比赛结束后，统计出前四名的小队。

（3）第二轮比赛共15道题，由主持人出题，各队抢答。每道题的答题时间为5秒，最终淘汰两个小队。

（4）第三轮比赛共5道题，由最后的两个小队抢答，每道题的抢答时间为5秒。

（5）三轮比赛结束后，主持人统计成绩，宣布获胜小队并为其发奖。

三、礼仪训练——接打电话时的礼仪

活动目的

模拟在职场中接打电话时的场景，根据所学内容使自己在接打电话时的言谈举止合乎礼仪规范。

模拟情景

第一个电话：对方要求找部门主管，而部门主管刚好不在。

第二个电话：对方来电咨询产品情况，接听者需要查询数据，请求对方等候。

第三个电话：对方咨询产品售后维修情况，接听者转接至售后部门。

第四个电话：在参加重要商务会谈时，无法离开会场，又必须接听电话。

（1）学生分组，每组 4～6 人，小组成员轮流扮演通话双方，完成指定的电话通话内容，且电话的接听与拨打应符合电话礼仪。

（2）其余学生观察表演，并记录表演者的言谈举止是否合乎电话礼仪。

（3）全部学生表演完成后，小组讨论并总结每个表演者的表现。

在职业生活中，每个人都需要跟他人建立关系，在建立关系的过程，就需要进行沟通。通过沟通，双方可以加深对对方的了解程度，更好地理解对方的意图和需求，提高工作效率。

具备良好的沟通能力是对职业人最基本的要求。拥有良好的沟通能力对大学生而言至关重要，它不仅可以使自己在日常交往中与他人建立良好的情感连接，更能为日后职业生涯发展打下坚实基础。

职业技能篇

模块七　人际沟通

 学习清单

每完成一项学习任务，就在对应的方框中打钩。

任务进程	序号	任务内容	是否完成
课前预习	1	准备学习用品，预习课本知识	☐
	2	搜集并了解人际沟通的相关知识	☐
	3	通过网络和其他途径观看涉及职场冲突情景下沟通的影视剧片段，体会有效沟通的重要性	☐
课中学习	4	阅读"典型案例"中的案例，并回答案例后的思考题	☐
	5	了解沟通的重要性和影响有效沟通的因素	☐
	6	掌握人际沟通的基本技巧，提升人际沟通的能力	☐
	7	掌握职场沟通的技巧，提升职场沟通的能力	☐
课后复习	8	通过职业人物访谈活动，提升自己的沟通能力	☐
	9	在与他人的交往中熟练地运用沟通技巧	☐

善于沟通才有利于成长

小刘大学毕业入职了一家公司担任销售。一天，小刘刚办完业务回到公司，就被主管叫到了办公室。主管问："小刘，今天的业务办得顺利吗？"小刘连忙回答："非常顺利。我花了很多时间向客户解释公司产品的性能，让他们知道我们的产品是最合适他们的，而且我们的价格非常合理。所以很顺利地签订了合同。"

主管听了，赞许地说："不错。但是，你确定自己完全了解客户的情况和需求吗？如果客户发现自己拿到的货物和想象中不一样，会不会退货呢？如果客户退货，会直接影响公司的信誉和以后的产品销售。"

小刘听了主管的话，立即解释："我都调查清楚了。我先通过网络和其他渠道了解了这家公司的需求与其他厂家的供货消息，然后通过多次实地考察，和他们的业务主管沟通融洽，最后顺利地签订了供货合同。"小刘一口气解释完，又有点委屈地问："主管，你是不是怀疑我的能力啊？"主管听了小刘的解释，本打算让他回去，但最后一句质问的话，让他顿时有些生气，说道："如果我前面说的那些你没有考虑到，将来这个单子出了问题，你就不要来公司上班了！"说完，主管就让小刘回去了。

小刘回到自己的工位后，越想越难受，就和旁边的老王说了事情的经过，然后问："是不是因为我是新人，主管就不重视我？他对我是不是有偏见？"老王听完事情的经过，安慰小刘说："据我了解，咱们的主管是很为下属着想的，他刚才也许是被你的质疑气到了，并不是不重视你或是对你有偏见。你要反过来想，作为主管，他需要了解本部门的每一项工作是否能够顺利完成，并且有责任预设有可能会发生的意外情况，并做好预案。因此，主管说的那些话只是为了了解下属的工作进展情况，提前为下一步工作做准备，并不是为难你。"

经过老王的开导，小刘意识到了自己的问题。他主动找主管道歉，并表明以后会更积极地向上沟通，主管也表示自己的态度有问题。这件事非但没有使小刘和主管之间产生隔阂，反而使他们关系更融洽了。

请思考

什么是有效沟通？小刘和主管第一次的沟通有哪些不足之处？事后，小刘的做法有哪些可取之处？大学生应该如何培养自己的沟通能力？

一、正确认识沟通

沟通就是信息的发送者借助一定的媒介，将信息发送给既定的信息接收者，并寻求反馈以达到相互理解的过程。

（一）沟通的分类

根据不同的分类标准，沟通可以分为以下几种类型。

1. 正式沟通与非正式沟通

根据沟通者有无组织关系，沟通可以分为正式沟通与非正式沟通。

正式沟通是指按照组织明文规定的结构系统和信息流动的路径、方向、媒体等进行的信息传递与交流，如在工作中下级向上级递交的书面报告、上级下达的工作指示、每周的小组会议沟通等。这种沟通正规、权威，但信息传播范围及传播速度有限。

非正式沟通是指在一定的社会系统内，通过正式组织以外的途径进行的信息传递和交流，如同事之间的谈话、朋友之间的交谈等。这种沟通灵活、随意，但不能保证信息的真实性。

2. 语言沟通与非语言沟通

根据沟通所采取载体的不同，沟通可以分为语言沟通与非语言沟通。

语言沟通是指以语言文字为载体的沟通，如口头交流、书面表达等。

非语言沟通是指以非语言文字的符号为载体的沟通，如语音语调、面部表情、手势动作等。

语言沟通是生活中最主要的沟通方式，非语言沟通往往会对语言沟通起到加强作用。例如，在称赞某人时，一边夸奖一边竖起大拇指，或点头微笑，会给人以真诚、可信之感。

📺 课堂活动

小林说："沟通不就是说话？谁还不会说话呢！"

小李说："只有我想说话才会有沟通，若我不说话就不存在沟通。"

请你想一想，上面两位同学的说法正确吗？为什么？你是如何理解沟通的？

（二）沟通的重要性

在日常工作与生活中，及时有效的沟通不仅是消除人与人之间的误解，减少隔阂与猜疑的桥梁和纽带，还是调节人际关系的润滑剂，提高工作效率的催化剂，提升个人修养的助推剂。具体而言，沟通的重要性体现在以下几个方面。

（1）沟通是人们集体生活的基础，可以说，没有沟通就没有群体活动，就没有个人、集体和社会的不断进步。

（2）沟通是现代管理的命脉，没有沟通或沟通不畅，管理效率就会下降。

（3）沟通是人际情感的基石，良好的沟通才能造就健康的人际关系。

（4）沟通是个人职业发展与进步的基本手段和途径。

哲 思 寓 理

染灰的米饭——沟通化解误会

孔子周游列国，因兵荒马乱、旅途困顿，三餐以野菜果腹，孔子和同行弟子已七日没吃过米饭。一天，颜回好不容易要来一些大米，将它们煮成米饭。饭快煮熟时，孔子刚好路过，看到颜回掀起锅盖抓了些米饭吃，孔子没有当场质问颜回，而是装作没看到。饭煮好后，颜回请孔子进食。孔子说："我刚才梦到祖先来找我，我想把干净的、没人吃过的米饭拿来祭祖先。"颜回慌张地道："不可以，这锅饭我已经吃了一口，不可以祭祖先了。"颜回涨红了脸，接着嗫嚅地说："我不是故意吃掉米饭的。刚才在煮饭时，有灰落到了锅里，我觉得把染灰的米饭丢了太可惜，所以抓起来吃掉了。"孔子听后，恍然大悟，知道自己误会了原本最信任的颜回。

我们在与他人相处的过程中难免会产生误解，如果不及时沟通，按照自己的想法揣测别人，容易对对方产生怨念且怨念会越来越深。相反，如果及时沟通就能够消除自己心中的疑惑，减少彼此间的误解，缓和彼此的关系。由此可见，沟通在人际交往中是非常重要的。

（资料来源：搜狐网，2020-07-24，有改动）

（三）影响有效沟通的因素

有效沟通意味着信息从发送者完整、准确地传递给接收者，接收者能做出相应的、信

息发送者所期望的反应的过程。影响有效沟通的因素主要有以下几个方面。

1. 个人认知因素

每个人都有自己独特的认知框架和交流方式。所谓认知框架就是人们认识事物的方法和模式，它主要受个人先前的知识经验、文化背景、社会地位及个人特征的影响。基于此，不同的个体对同样的事物与信息往往会产生不同的理解。

在沟通过程中，信息发送者往往会按照自己的语言习惯、思考方式、表达方式去传递信息，信息接收者则会根据自己的经验和需要，有选择地去接收信息发送者所传达的信息。若信息发送者传递出的信息不能完全为信息接收者所理解时，就会出现"沟通漏斗"效应，即沟通信息的递减规律，如图 7-1 所示。

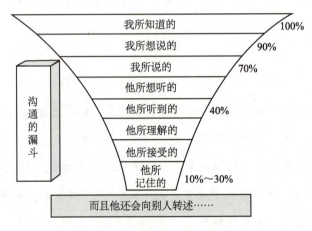

图 7-1　沟通信息的递减规律

2. 沟通渠道因素

在沟通过程中，要特别注意沟通渠道的选择，避免信息由于沟通渠道过长、中间环节过多等原因而在传递过程中被歪曲或有所遗漏。在职场中，还要注意信息发送者与接收者的地位、部门及背景的不同，若沟通渠道选择不当，可能会因存在某些专业术语而造成沟通中的障碍。因此，重要的沟通最好采用比较正式的书面文件沟通渠道进行。

3. 组织机构因素

在职场中，职业人客观上存在着职位的高低，思考问题的角度存在着差异。个人在接受上级传递的信息时，不仅会考虑其表面的含义，有时还会基于上级的喜好进行解读，因此在接收信息时有可能偏离重点，导致沟通无效。

二、掌握沟通的基本技巧

（一）认真倾听

倾听是一项非常重要的人际沟通技能，它在我们的工作、生活中发挥着重要作用。人们需要倾听沟通对象所说的话，才能理解其含义，满足其需求。例如，医生要倾听病人的描述，才能了解病情，从而对症下药；销售员要倾听顾客的需求，才能为客户提供满意的服务；领导必须倾听下属提出的问题，才能拟订对策，解决问题。

扫一扫

如何提高沟通效率

大学生若想认真倾听，应遵循以下几点。

1. 选择合适的环境

在倾听过程中，倾听者要尽量避免受环境的影响，或将环境的影响降至最低，并用肢体语言暗示说话者"我在倾听"。具体来说，应做到以下几点：① 尽量选择在安静的场所进行沟通（尤其是重要的沟通），避免人来人往、喧闹嘈杂的场所；② 在倾听时，应用柔和的目光注视对方，以表示自己正在专心倾听；③ 要及时回应对方所说的话。这既是认真倾听的表现，也是尊重对方的体现。

2. 获取完整信息后再回应

在倾听过程中，要保持冷静、理智的态度，在掌握全面、完整的信息之后，再对信息进行分析，并酌情给出建议。具体来说，应做到以下两点：① 要善于捕捉有用信息，抓住要点。在沟通过程中，表达者受环境或情绪的影响，所传递的信息可能是杂乱无章的。此时，倾听者要集中注意力，从杂乱无章的信息中捕捉有用的信息，然后理智地分析，最终给出合理的建议。② 在倾听过程中，倾听者不要急于表达自己的想法，应该等接收到完整信息后再发表自己的看法。

3. 察觉言外之意

在倾听过程中，倾听者应及时察觉表达者的言外之意，通过观察表达者的表情、手势等判断其所说的话是否与真实想法一致。如果不一致，那就说明语言传递的信息可能并非表达者的本意。例如，去他人家里做客至深夜，主人热情地挽留，表明天色已晚，希望客人在此留宿，但是其眼神飘忽，视线不自觉飘向门口，这说明主人言语中表达的并非自己的真实想法，而是希望客人尽快离开。

表情和肢体动作所表达的含义

（1）说话时捂上嘴——说话没把握或撒谎。

（2）晃脚——厌烦。

（3）把铅笔等物的一端放到嘴里——焦虑或需要更多的信息。

（4）没有眼神的沟通——试图隐瞒什么。

（5）脚朝着门的方向——准备离开。

（6）揉眼睛或捏耳朵——疑惑。

（7）触摸喉部——需要加以重申。

（8）紧握双手——焦虑。

（9）握紧拳头——意志坚决、愤怒。

（10）食指指向别人——谴责、惩戒。

（11）坐在椅子的边侧——随时准备行动。

（12）双臂交叉置于胸前——不感兴趣。

（13）背着双手——有优越感。

（14）搓手——有所期待。

（15）无意识地清嗓子——担心、忧虑。

（16）有意识地清嗓子——轻责、训诫。

4. 学会换位思考

在倾听过程中，要学会站在对方的立场上考虑问题，体会对方的感受，并对对方的感情做出积极的回应。适度共情可以帮助倾听者走进对方的内心世界，赢得对方的好感和信任，从而使沟通顺利开展。

课堂活动

回忆自己曾经与他人沟通的场景，想一想，你有没有认真地倾听对方说的话，理解对方所表达的信息？你有没有因急于表达自己的观点而打断对方的话？这样做有什么后果呢？

不善倾听有失尊重，到手订单不翼而飞

有一次，一个手机推销员向顾客推荐一款最新发布的手机。他热情接待，并详尽地为客人介绍了这款手机的性能、优点。顾客很满意，准备下单购买。然而，在从展示柜台到收银台的短短几步路内，顾客突然决定不买了，眼看要成交的生意就这样黄了。

这位顾客为什么会突然变卦？晚上，推销员辗转反侧，不能入眠。他回忆着自己说过的每一句话，没觉得有讲错的地方，也没有冒犯顾客的地方。于是，百思不得其解的他忍不住给那位顾客拨打电话，询问原因。

顾客告诉他："今天你并没有用心听我说话。就在我付款前，我提到我儿子即将进入重点大学就读，我还跟你说到他喜欢电子产品和他将来的抱负，我以他为荣。可你根本没听我说的这些话！你只顾推销手机，根本没听我说了什么。我不愿意从一个不尊重我的人手里买东西！"

原来，这位顾客的儿子考上了重点大学，全家人都非常高兴。这位顾客决定送儿子一部他心心念念的手机作为奖励。顾客谈话中数次提及儿子，而推销员却一味地强调手机。

这时，推销员这恍然大悟。在下单前，他无意中说了一句"您给自己买的这部手机可太合适了"，彻底惹怒了客户，丢了这个单子。这个推销员从此引以为戒，外出推销时不仅带上自己的"嘴巴"，更带上自己的"耳朵"，用心倾听客户的真实需求。

（二）学会有效表达

在日常生活中，人们无时无刻不在表达，但只有那些把信息清晰、准确地传递给对方的表达才能称为有效表达。表达是交谈中非常重要的一环。如果大学生在交谈过程中常常语无伦次、词不达意，那么轻则易被误解，重则会经常与人产生矛盾，甚至冲突，难以建立和维持良好的人际关系，甚至导致当下无法融入校园生活、日后无法融入职场。大学生若想有效表达，在表达时应遵循以下几点：

1. 层次清晰

大学生要想做到有效表达，首先需要理清思路，确保所要表达的内容逻辑清晰、层次分明，否则很可能说了很多，对方还是无法完整接收和充分理解自己所传递的信息。思考以下问题有助于理清表达的思路：此次表达的目的是什么？如何安排内容的先后顺序才能让对方准确接收并理解所传递的信息？

2. 重点突出

在交谈过程中做到言简意赅、重点突出，有助于对方更好地接收、理解信息。因此，在表达时，大学生应开门见山，先说重要的信息，再进行有针对性的补充，切忌滔滔不绝，让人抓不住重点。

3. 通俗易懂

有效表达的关键在于对方能否听懂，故在表达时要充分考虑对方的年龄、教育背景等，用对其而言通俗易懂的语言进行表述，切忌故作高深或过多使用专业术语。

大同南站客运员刘嘉慧："微笑服务"传递"高度数"温暖

刘嘉慧是中铁太原局集团公司大同南站的一名客运员，也是该站"嘉慧馨旅"服务品牌的创始人。每当遇到列车晚点和旅客情绪不好的情况时，她总能耐心地为旅客答疑释惑、解决困难；无论遇到什么情况，她都用真诚和微笑面对旅客，用心服务。

在大同南站每天匆匆而过的旅客中，有些人是因为健康原因经常往来大同和北京。张叔叔和孙阿姨每次都是从怀仁到大同，然后再坐高铁去北京看病或复查。两位老人身体不好，出门在外特别需要帮助。幸运的是，两位老人第一次到大同南站就遇到了刘嘉慧。细心的她不仅帮助老人推着轮椅换乘列车，还把老人的信息专门登记在册，以便以后他们下次经过本站时再次为他们提供服务。

全程微笑服务的刘嘉慧获得了老人的信任。在老人第四次去北京复查时，孙阿姨主动提前和刘佳慧联系，寻求帮助。而刘佳慧也提前安排好大同南站的服务工作，又拜托高铁列车员在两位老人到达北京出站时帮一下他们。

在大同南站候车大厅，有一架看起来与环境很"违和"的钢琴。"我觉得微笑特别有力量。"刘嘉慧说起这架钢琴背后的故事时这样感叹。

一天，急着赶车的旅客杨先生把一份重要合同遗失在大同南站候车大厅。刘嘉慧和同事们发现后，想尽办法联系到他，及时归还了合同。对此，杨先生感激地连声赞叹。不久后，杨先生的母亲到大同南站坐车，却因身体原因无法进站，身在外地的杨先生通过联系"嘉慧馨旅"服务站，很快解决了这一问题。后来，杨先生特意为大同南站捐赠了一架钢琴。

"两次接受'嘉慧馨旅'的服务都是通过电话沟通的，虽未曾谋面，但从电话里能感受到她们的笑容。"杨先生说，"捐赠这架钢琴，就是希望通过音乐传递这份来自'微笑'的美好。"

凭借着微笑服务、耐心服务、细心服务，2020年12月，刘嘉慧被山西省精神文明建设指导委员会评为"山西好人"。而她也将继续在岗位上用微笑、耐心和细心为每一位旅客。

（资料来源：新浪网，2022-04-20，有改动）

三、提升职场沟通能力

（一）如何与上司沟通

与上司沟通时，要抛弃"不宜与上司过多接触"的观念，克服与上司沟通时产生的害怕、焦虑心理。若想成为一名合格且成熟的职业人，应该掌握与上司沟通的具体方法。

1. 沟通态度要主动

上司一般比较繁忙，很少有时间主动找下属沟通。这时，就需要下属用恰当的方法主动与上司进行沟通，这样不仅可以更好地完成工作任务，也可以让上司对下属有更深入的了解，有利于下属更好地发挥价值。

2. 沟通频率要适度

在职场中，下属与上司的沟通频率应适度，既不能过高，也不能过低。沟通频率过高会干扰上司的正常工作，也可能会让上司怀疑下属独立工作的能力；而沟通频率过低会导致上司无法及时了解团队工作的进展，从而影响工作效率和工作质量，同时，在一定程度上也会影响团队的凝聚力和下属自身的发展前景。

3. 沟通时机要恰当

要想与上司进行更有效的沟通，还要选择合适的时机，具体如下：① 要选择上司相对轻松的时候。在与上司进行沟通之前，可以通过电话、微信、短信的方式预约时间，也可以请对方指定沟通时间和地点，自己按时赴约。如果沟通的内容属于私事，则不适合在上司工作的时候去打扰。② 要选择上司心情愉悦的时候。当上司心情欠佳的时候，最好不要去打扰对方，特别是准备向对方提要求、说困难或者是表达自己不同的看法。③ 要寻求单独交谈的机会。与上司的沟通最好是一对一进行，特别是试图改变上司的决定或者意图的时候，要尽量利用非正式场合或没有其他人在场的时候，这样既能给自己留下回旋的余地，又有利于维护上司的尊严。

（二）如何与同事沟通

在职场中，与同事沟通的方法如下：

1. 懂得相互欣赏

每个人都有得到赞许和欣赏的愿望与期待，都希望自己的工作和劳动成果得到别人的尊重和认可，都希望得到他人恰如其分的评价和鼓励，所以我们要善于发现同事的优点和长处，以及他们在工作中付出的努力、取得的进步和成绩，并给予肯定和赞美。

扫一扫

与同事沟通的技巧

2. 主动交流和沟通

在职场中，要想让人际关系变得融洽和密切，就要有一定的交流和沟通。同事之间要利用工作之余的闲暇时间谈谈心、聊聊天或者探讨工作问题，只有主动创造交流和沟通的机会，才能更好地了解彼此、融洽相处。

3. 保持适当距离

和同事之间保持良好的关系，并非要与同事无话不谈、亲密无间，有时过分亲密和随意反而容易产生矛盾。同时，太过亲密和随意也有可能逾越彼此的界限，不利于维持和谐、友好的同事关系。

> **课堂活动**
>
> 假如你在工作中接到一个重要任务，时间非常紧迫。你知道想要按时完成这个任务，就需要同事小张的帮助。请你想一想，在这种情况下，你会如何与他沟通呢？在沟通过程中应该注意什么？

（三）如何进行书面沟通

书面沟通是用文字符号进行沟通的一种形式，包括电子邮件、工作报告、商业提案等。书面沟通比较正确、详尽、具有权威性，能完整地记录信息并便于查看。在进行书面沟通时，职业人需要注意以下几点要求：

1. 结构清晰

书面沟通应该力求结构清晰，条理清晰、层次分明，便于他人正确领会信息的含义。要做到结构清晰，首先要做到主题明确，材料的组织、段落层次的划分、详略的安排等都紧密围绕主题来进行；其次，整体思路要清晰、连贯，层次、段落划分要精当，各个部分之间的逻辑关系严谨；最后，还应该注意文章的整体布局，包括标题、大小写、字体、页边距等，如果是手写，则要注意字迹工整，不能太潦草，否则不仅影响他人的阅读。

2. 内容完整

电话或是当面交谈往往会遗漏一些事项，这是由沟通方式的特点决定的。而写作的一大优势就是使我们有充分的时间思考问题，完整地传递想要表达的思想、观点。因此，完整是写作的一个要则。在写作时，为了完整地表述，可以先列出提纲，把所有想要表达的内容都列出来，然后反复检查思考，不断增补重要的事项。

3. 表述简洁

"简洁"与"完整"并不矛盾。完整是为了准确地传达所要沟通的信息，但这并不意味着要把所有的事实、观点事无巨细都罗列出来。表述简洁要求通过排序的方法，把不影响意思表达、不太重要的事项删除，也可以把琐碎的、没有太大价值的文字精减掉，使行文言简意赅。

书面沟通文件缺失，引发纠纷又受损失

某日，某公司售后维修工程师王某打电话要求公司售后服务部门为他所在的维修现场送来一个配件。按公司规定要求，王某应当向售后服务部提交书面申请，在书面申请中列出配件的具体规格、型号等。申请成功后，售后服务部才能发货，以保证配件的准确性。

然而，王某表示自己已经在公司干了多年，对业务都很熟，并声称客户很急，要求电话口述型号发货，事后再补交申请。售后服务部负责人按王某说的型号发出了配件。但是，配件发到现场后，与所需型号不匹配，结果就是又要重发一次配件。这就导致了出差费用和运输费用的增加，更重要的是配件的错发影响了客户的日常生产活动，客户很不满意。

事后，公司就该事件进行了调查。调查过程中，王某一口咬定自己当初报告的就是第二次发的正确型号；而售后服务部负责人则坚持王某当初报告的就是第一次错误的型号。但是没有书面文件，该相信谁呢？最后，由于双方都是在明知公司要求书面沟通规定的情况下违规操作，造成了公司和客户的损失，都有责任，于是分别受到了公司的处罚。

（四）如何在冲突情景下进行沟通

1. 处理好自己的负面情绪

在冲突情景中，当事人往往都带有比较强烈的负面情绪和对彼此的消极感受，如果不能很好地控制自己的情绪感受，当事人的言行举止很容易过激。而且负面情绪有很大的传染性，会激发彼此用更消极的方式处理问题。所以，每个人都要学会控制自己的不良情绪。

为了不让消极的情绪伤害彼此间的关系，发生冲突时可以通过暂时停止接触、离开冲突情景、稍候再进行沟通等方式来消化处理自己的情绪，以避免矛盾激化。再次沟通之前，沟通双方一定要调整好自己的情绪，在心平气和的状态之下进行进一步沟通。

2. 牢记沟通目的——解决问题

为了解决冲突而进行沟通时，一定要提醒自己牢记沟通的目的：沟通是为了解决问题，而非宣泄情绪。在沟通过程中，要理性从容、目的明确，用恰当的方式客观地进行表达，真实描述事情的经过，理性表达自己的感受，尽量少判断、少评定，做到对事不对人、不扩大、不泛化。

 职场故事

医患沟通有良方，真诚解答促和谐

护士小吴第一天上班。晚上10点，15号病床患者的好几位家属还是不愿意离开病房，说是担心患者的病情，想要陪护。他们谈话的声音和明亮的灯光影响同病房其他患者休息。小吴见此情况，严肃地对家属说："医院是有规定的，晚上只能留一个人，其他人赶紧走。"家属对小吴的说话态度很不满，与小吴争论起来。

护士小何听到争执声后，立刻赶来，在了解家属不愿意离开的原因后，耐心地对家属说："各位叔叔阿姨，我非常理解你们的心情，但是请你们放心，我们有值班的医护人员，他们会随时观察患者的病情。再说，现在是熄灯休息时间，病房里的其他患者也需要休息，你们可以留一个家属在这里，只开床头灯，你们看这样行吗？"家属听小何说完后，平复了情绪，很快决定了留下陪伴患者的家属，其余人迅速离开了病房。

3. 表达自己的真正诉求

人在冲突情景下容易受到强烈情绪情感的支配，往往会口不择言，但是说出来的话、

表达出来的情绪未必是个体内心真正的想法和感受。例如，两位同事一起出差，约定某时间在某地集合。一向不迟到的同事A在毫无预兆的情况下迟到了，并且联系不上，同事B在约定的地点等了很久，又是担心，又是焦虑。当终于看到姗姗来迟的同事A时，同事B又急又气，冲着同事A大吼："你知道我等你多久吗？"同事A原来想着道歉并解释原因，也被同事B的怒火激得不想解释了，匆匆道歉了事。但实际上，同事B对同事A的迟到有着更深层的担忧和见到对方安然无恙时的释然。但很显然，B的怒火激起A的消极感受，使A忽略了这浓烈火药味的背后所掩盖的关心。所以，在冲突情景下进行沟通，就要更加清楚自己内心真正想要的到底是什么，切勿口不对心，让自己事后追悔莫及。

4. 尊重不同，悦纳多样

有时，即便我们努力沟通，但依旧没有办法让别人认同我们的建议、听从我们的劝告，也无法消解彼此的差异和分歧。这个时候，我们要尊重彼此的独特性和差异性。实际上，正是有了这些差异和分歧，世界才丰富多彩，我们的生活才不至于单调乏味。而当我们能够真正悦纳这些分歧、求同存异的时候，也许我们会发现，冲突已经在不知不觉中消失于无形了。

探索与训练

一、职业人物访谈——在沟通中进步

活动目的

了解不同职业的工作要求，锻炼自己的沟通能力。

活动流程

（1）确定访谈人物。根据自己的目标职业方向，选择1～2名相关人物进行访谈。访谈对象可以是往届毕业生，也可以是自己的亲人、老师和朋友。

（2）拟定访谈提纲。围绕职业经验、职业要求这两个方面，拟定详细的访谈提纲，并预先准备好访谈的问题及可能的回答，以做好应对，使访谈尽量深入。

（3）预约并实施访谈。预约访谈对象，并向访谈对象说明访谈目的、访谈时间与地点。访谈可以采用面谈、电话访谈等方式。在访谈过程中，要及时做好访谈记录。

（4）访谈总结。访谈结束后，需要对访谈活动进行一个书面总结，包括访谈人物、

访谈日期、访谈地点、访谈过程、访谈内容、访谈心得等，并对该职业进行分析，了解该职业的相关要求。

活动点评

对整个沟通过程进行自我点评，分析自己在沟通过程中的得与失。具体可以从以下几个方面进行思考。

（1）在沟通过程中是否表现得诚恳与礼貌？

（2）在行为与态度上是否尊重访谈对象？

（3）在访谈对象讲述过程中，是否曾打断对方的讲话？

（4）是否理解访谈对象的主要观点？

（5）是否注意到访谈对象面部表情、语音语调、肢体动作的变化。

二、演讲比赛——锻炼表达能力，提高沟通效率

活动目的

通过演讲比赛，大学生可以锻炼自身的口语表达及沟通能力。

活动流程

（1）即兴演讲。每节课开始时，邀请2～3名学生主动上台进行即兴演讲，题目自拟，时间为3～5分钟。

（2）主题式演讲。把学生分成若干组，拟定若干题目，由学生自选。每个小组需完成3个主题的演讲。

演讲主题示例

（1）问题分析。可以针对某一问题提出自己的见解。

（2）讲故事。带着感情去讲述一件生活中的小事（最好是发生在自己或者亲戚朋友身上的），然后简要分析，通过这件小事引出自己想要表达的某个观点或主题。该训练的目标是让演讲者学会如何平衡叙事与分析、如何利用叙事来充实观点与主张的说服力。

（3）危机沟通。假设自己所工作的组织遇到了某种危机，请负责宣布这个危机。

（4）面对带有敌意的观众。假设观众是敌对的或者充满怀疑的，请缓解或消除他们的敌对情绪。

（5）课程演讲。可以是关于本课程教学内容的演讲，如对课程的反思、评论，也可以是对其他同学之前演讲的反驳，只要是与本课程有关的主题皆可。

活动思考

（1）大学生可以通过哪些途径提升有效沟通能力？
（2）沟通的重要性表现在哪些方面？

活动点评

学生演讲结束后，教师组织其他学生一起点评并提出建议。

三、话剧表演——如果我是一名导游

活动目的

以"如果我是一名导游"为活动主题，以小组为单位进行话剧表演，练习沟通技巧。

活动流程

（1）分组。5～8人为一组；设导游1名，其他成员为不同身份的游客。
（2）创作剧本。组内讨论话剧剧情，设计每个人的台词，集体创作剧本，表演时间控制在10分钟以内。
（3）汇报表演。各组在表演之前，先向同学与老师介绍每个人的角色，然后再进行表演。

活动点评

每组表演完毕后，全班学生对该话剧表演进行讨论与点评，然后由教师进行总结。

四、有趣的传话游戏——学会倾听，懂得表达

活动目的

通过传话游戏，锻炼大学生的倾听和表达能力。

（1）分组。5～8人为一组。

（2）排序。每组成员抽签，按照签号排成一排。

（3）教师准备不同的传话内容，并将其写在纸上，放进盒子里。

（4）每个组的第一个同学抽取盒子内的纸片，并将自己所看到的内容传递给下一位同学。不进行传话的同学戴上耳塞。最后一名同学说出自己听到的内容，若与纸上内容一致，则传话成功。

活动点评

教师点评每个组传话的效果，并组织学生对传话过程进行讨论。

五、了解自我——职场沟通能力测试

活动目的

了解自身的沟通能力及需要改进的地方。

活动流程

下列每道题给出的四个选项中，只能选择其中的一项，请你按要求回答下列问题。

（1）在说明自己的重要观点时，别人却不想听你说，你会（　　）。

    A．马上气愤地走开

    B．不说了，但你可能会很生气

    C．等等看还有没有说的机会

    D．仔细分析对方不听的原因，找机会换个方式再说

（2）要去与一位重要的客人见面，你会（　　）。

    A．穿着像平时一样随意

    B．只要穿得不太糟就可以了

    C．换一件自己认为很合适的衣服

    D．精心打扮一下

（3）与不同身份的人讲话，你会（　　）。

    A．与身份低的人说话，你总是漫不经心

B．与身份高的人说话，你总是有点紧张

C．在不同的场合，你会用不同的态度与人讲话

D．不管什么场合，你都以同样的态度与人讲话

（4）在与人沟通前，你认为比较重要的是了解对方的（　　）。

A．经济状况、社会地位

B．个人修养、能力水平

C．个人习惯、家庭背景

D．价值观念、心理特征

（5）去参加完老同学的婚礼回来，你很高兴。你的朋友对这场婚礼很感兴趣，向你询问婚礼过程。这时你会（　　）。

A．详细叙述从你进门到离开时所看到和感觉到的事及相关细节

B．说些自己认为重要的

C．朋友问什么就答什么

D．感觉很累了，什么都不想说

（6）你正在主持一个重要的会议，而你的一个下属却在玩手机，且手机发出的声音干扰了会议现场。这时你会（　　）。

A．幽默地劝告下属不要玩手机

B．严厉地叫下属不要玩手机

C．装作没看见，任其一直玩下去

D．当场给那位下属难堪，让其下不了台

（7）你正在跟领导汇报工作时，你的助理急匆匆地跑过来说，你的一个重要客户打来电话。这时你会（　　）。

A．说你在开会，稍后给对方回电话

B．向领导请示后，去接电话

C．让助理说你不在，询问对方有什么事

D．不向领导请示，直接跑去接电话

（8）你的一位下属已经连续两天下午请了事假，第三天上午快下班的时候，他又拿着请假条过来说下午要请事假。这时你会（　　）。

A．详细询问对方因何要请假，视原因而定是否批假

B．告诉他今天下午有一个重要的会议，不能请假

C. 很生气，但什么都不说，直接批假

D. 很生气，不理会他，不批假

（9）你刚应聘到一家公司就任部门经理。入职后不久，你了解到本来公司中有几个同事想谋求你的职位，因为领导不同意，才招聘了你。对这几位同事，你会（　　）。

A. 主动认识他们，了解他们的长处，争取成为朋友

B. 不理会这件事情，努力做好自己的工作

C. 暗中打听他们，了解他们是否具有与你竞争的实力

D. 暗中打听他们，并找机会为难他们

（10）在听别人讲话时，你总是会（　　）。

A. 对别人的讲话内容很感兴趣，记住其所讲的要点

B. 请对方说出问题的重点

C. 对方老是讲些没必要的话时，你会立即打断他

D. 对方所讲不知所云时，你就很烦躁，会走神或做别的事

评分办法

1～4题，选A项得1分，选B项得2分，选C项得3分，选D项得4分；其余各题，选A项得4分，选B项得3分，选C项得2分，选D项得1分。将10道检测题的得分相加，就是你的总分。

结果分析

总分为20分以下：说明你的职场沟通能力较差，必须加强这方面的学习。只要学会控制自己的情绪，改掉一些不良习惯，你仍能获得他人的理解和支持。

总分为21～30分：说明你的职场沟通能力一般。你懂得尊重他人，有一定的自控能力和表达能力，并能通过沟通达到一定的效果。但是，你缺乏高超的沟通技巧和主动沟通的意识。因此，你仍需要继续学习和锻炼，从而不断提高自己。

总分为31～40分：说明你的职场沟通能力很强。你很稳重，能很好地控制自己的情绪，能从容、有条理地表达自己的看法，具有很高的沟通技巧和较强的人际交往能力。

模块八　团队合作

 学习清单

每完成一项学习任务，就在对应的方框中打钩。

任务进程	序号	任务内容	是否完成
课前预习	1	准备学习用品，预习课本知识	☐
	2	收集三则有关团队合作的故事	☐
	3	搜集并了解团队精神的相关知识	☐
课中学习	4	阅读"典型案例"中的案例，并回答案例后的思考题	☐
	5	理解团队的内涵和重要性，了解团队的类型	☐
	6	了解团队角色的类型，并明确自己的团队角色定位	☐
	7	熟悉团队成员应具备的基本素质，掌握团队成员完善自我的途径	☐
课后复习	8	有意识地培养自身的团队精神，在集体活动中充分调动积极性、主动性	☐
	9	积极参与丰富多彩的课堂互动及课后实践活动，提高团队协作能力	☐

 典型案例

应聘故事——合作是成功的开始

有一次，一家大型公司要招聘两名职员，很多人前来应聘，最终有十人通过了初步的筛选。

在最后一轮面试中，主考官要求他们将房间里的木箱移动到指定区域。这十个人被分成两两一组后，分别走进主考官指定的房间。他们发现，房间里除了大木箱外，还有木棍、绳子、锤子。木箱非常重，怎么也推不动，想搬起一个角都很困难。有人想凭借自己的力量，通过使用工具，将木箱推动，结果用尽了全身力气，也只使木箱向前移动了几步。

面试结束后，主考官发现只有两个人把木箱推到了指定区域，其余八个人都没能完成任务，有的甚至没能把木箱移动丝毫。主考官问那两个完成任务的人："你们是怎么推动木箱的？"他们回答："我们两人使用工具，先合推一个木箱，推完一个再合推另一个。"主考官微笑着说："恭喜两位正式成为我们公司的职员。这次测试的本意就是要告诉大家，只有善于合作的人才有可能获得成功。具有竞争意识很重要，但我们更看重团队合作精神。"

 请思考 为什么该公司更看重团队合作精神？你从这个故事中得到了哪些启发？

一、认识团队

（一）团队的内涵

团队是指为了实现某一个相同的目标而相互协作的个体所组成的共同体。它能合理利用每一个团队成员的知识和技能协同工作、解决问题，从而实现目标。

（二）团队的构成要素

团队的构成要素一般有五个，即目标、人、定位、权限和计划，简称"5P"要素。

1. 目标（Purpose）

目标是团队发展的航向标，也是团队前进的动力之源。每个团队从建立起，就应树立一个明确的目标。团队成员需要了解和认同这个目标，并以这个目标为核心做出决策与行动。共同的、远大的目标不仅能激发团队成员的团队精神和创造力，而且也能激励团队成员把个人目标升华为团队目标，产生前进的动力和信念。

2. 人（People）

人是团队构成的核心要素。一般来说，两个（包含两个）以上的人就可以构成一个团队。团队需要拥有不同技能的人员相互配合，共同完成目标。因此，在团队人员选择方面，团队成员的能力、经验、技能等因素需要互补。

3. 定位（Place）

团队的定位包含两个层次的内容。

（1）团队的整体定位。即"团队在企业中处于什么位置""由谁选择和决定团队的成员""团队最终对谁负责""团队采取什么方式激励团队成员"等问题。

（2）团队成员的个体定位。即"各个成员在团队中扮演什么角色，是制订计划者还是具体实施者或评估者"等问题。

4. 权限（Power）

职权是指团队负有的职责和相应享有的权限。在团队发展的初期阶段，领导者的权利相对比较集中，团队享有的权利相对较小。随着团队发展、成熟，领导者拥有的权力变小，团队拥有的权利变大。

5. 计划（Plan）

既定目标的实现需要一系列具体的行动方案，即计划。按计划进行可以保证团队工作的进度。只有一步一步地执行计划，才能最终实现目标。

团队与群体的区别

群体是由两个以上相互作用又相互依赖的个体，为了实现某些特定目标而结合在一起的整体。群体可以是正式的，如某个旅行团；也可以是非正式的，如某个公交站台候车的乘客。

团队也属于群体，但又不是一般的群体。团队和群体的具体区别如图 8-1 所示。

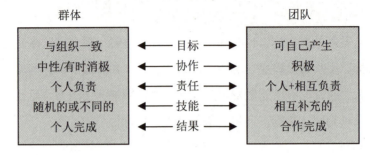

群体　　　　　　　　　　　　　　　团队

与组织一致	← 目标 →	可自己产生
中性/有时消极	← 协作 →	积极
个人负责	← 责任 →	个人+相互负责
随机的或不同的	← 技能 →	相互补充的
个人完成	← 结果 →	合作完成

图 8-1　群体和团队的区别

目标方面： 群体的目标和整个组织保持一致；团队除了和组织保持一致外，还可以有自己的团队目标。

协作方面： 群体的协作性可能是中等程度的，有时成员还有些消极，不愿与他人协作；在团队中，所有成员都齐心协力，处于积极的协作关系中。是否具有协作性是群体和团队最本质的差别。

责任方面： 群体主要由领导者负责；团队中，领导者要负责，每一个团队成员也要负责，有时甚至会相互影响、共同负责。

技能方面： 群体成员的技能可能是不同的，也可能是相同的；团队成员的技能是相互补充的。团队把具有不同知识、技能和经验的人集合在一起，形成优势互补的有效组合。

结果方面： 工作结果是群体任务在数量、质量及效率等方面完成的情况。群体工作结果一般是将群体中的每一个个体的绩效相加，得出总的绩效；团队工作结果往往是由团队成员共同合作完成的，绩效大于每一个个体绩效相加之和。

🖥 课堂活动

下面四个选项中，哪些是群体？哪些是团队？为什么？

A．龙舟队　　　　　　　　　B．旅行团

C．足球队　　　　　　　　　D．候机旅客

（三）团队的重要性

团队合作对于个人十分重要，它能提高个人的生产效率，提升个人解决问题的能力，以及提高个人的归属感和自豪感。

1. 提高个人的生产效率

每一个团队的成功，都是团队合作的结果。团体成员通过合作可以产生出大于个体简单相加的几倍、几十倍甚至几百倍的成果，能有效提高生产效率，从而促进企业的发展。现如今，团队高效合作已经成了企业是否拥有核心竞争力的标准之一。

2. 提高个人解决问题的能力

团队成员各自具备的知识结构、技能水平、能力优势都不尽相同。因此，团队合作可以使成员彼此取长补短、互相启发，发挥整体优势，提高个人和团队解决问题的能力。

3. 提高个人的归属感和自豪感

团队成员为了既定的目标共同努力，会逐渐被共同的理想所激励。同时，在团队合作的过程中，团队中成员之间沟通协调、相互信任，能够有效地提高成员的归属感和自豪感，增强团队内部的凝聚力。

📺 课堂活动

你知道哪些经典电影表现了团队的力量？请与大家分享。

学会团队合作，走向职业巅峰

大学毕业后的江枫顺利进入一家公司，成为一名业务员。凭借着卓越的销售技巧和良好的业务处理能力，他的业绩一直是公司里面最好的一个。但是，有成绩就容易飘飘然，有了成绩的江枫也不例外。有了一些成绩后，他开始对别人的工作指手画脚，对客户服务人员更是颐指气使，他经常说："你们的业绩都是靠我，没有我，你们早就没有工作了。"

客户服务人员表面上没有任何的反驳，但是在行动上却做出了无声的抗议。原本他们都非常支持江枫的工作，每当江枫的客户打来电话，他们都会及时进行售后服务。但是现在，他们总是对江枫的客户以各种理由进行拖延，使得生气的客户直接打电话给江枫，将火气全部撒在他的身上。久而久之，因为江枫的售后服务不到位，客户的续单率非常低。客户即使继续和该公司合作，也会选择在其他业务员那里续单。

江枫申请了一段假期，回到家对自己进行了深刻的自我反省。通过父母的帮助，江枫知道了自己错在哪里，应该如何改进。当再次回到公司之后，他申请了为期三个月的售后服务体验，体会到了售后服务人员的辛苦，同时也与他们打成一片。三个月期满以后，江枫重返销售岗位。

江枫得到了团队成员和售后服务人员的协助，再次成为业绩最好的销售员。有过一次教训的他没有再犯同样的错误。半年后，他成为销售主管，有自己的团队成员和售后服务团队。

（四）团队的类型

根据团队存在的目的和拥有自主权的不同，团队可分为问题解决型团队、多功能型团队和自我管理型团队三类。

1. 问题解决型团队

问题解决型团队是指团队成员就如何改进工作程序和工作方法、如何提高产品质量和生产效率、如何改善工作环境等问题交换看法并提出建议的团队形式。

问题解决型团队是团队建设的一种初级形式。它的成员通常由同一个部门内 5～12 名员工组成，每周一次或几次聚在一起研究如何解决工作中遇到的一些问题，如质量问题、生产率提高问题、操作方法问题、设备工具的改造问题等，然后提出具体的建议，再提交给管理决策部门，团队没有权力决定是否执行这些建议。

近年来，最为人熟悉的一种问题解决型团队是"质量小组"。质量小组的团队成员定期相聚，来讨论他们面临的质量问题，调查问题的原因，提出解决问题的建议。

2. 多功能型团队

多功能型团队是为了解决某一个具体的问题，达到某一个具体目标而建立的，如新产品的研发、新技术的引进、突发事故的处理等。这类团队工作范围广、跨度大，团队周期不确定，在一些大型的企业、组织中比较多见。

多功能型团队一般由来自不同职能领域、不同层面的员工组成。它的成员既有普通员工，又有与问题相关的经营管理人员，有时候团队的成员还可扩展到不同地区的、其他分公司的专家。这种方式能有效地使企业内（甚至企业之间）不同领域员工之间交换资讯，激发出成员的新观点，从而解决一些重大问题、协调复杂的项目。

因此，多功能型团队实际上类似于一个项目组，通常是为了一项一次性的工作而建立的。团队中的经营管理人员可以自主决策，也可以直接向最高决策层报告。

3. 自我管理型团队

自我管理型团队通常由 10～15 人组成，运行模式具有自我管理、自我负责、自我领导的特征，具有更强的一体化特征，拥有较大的自主权。也就是说，在自我管理型团队中，团队确定了要完成的目标以后，它就有权自主地决定工作计划、工作方法、任务分配和任务轮换方式、质量检验方法、工作步骤等，并且自己承担相应的责任。例如，在工厂中，一条生产线上的员工就组成了最基本的自我管理团队，并由组长负责管理这个团队。

 职 场 故 事

神舟十二号航天员协同合作，成功完成出舱任务

2021 年 7 月 4 日 14 时 57 分，经过约 7 个小时的出舱活动，神舟十二号航天员乘组密切协同，圆满完成了出舱的全部既定任务，出舱的两名航天员也安全返回了天和核心舱。

在任务期间，两名出舱的航天员刘伯明和汤洪波克服困难、准确操作，成功完成了出舱、上机械臂、安装工作台等任务，舱内的航天员聂海胜发挥了非常好的支持作用，他与出舱的两名航天员协同合作，按计划推进了所有的既定任务。

为了确保这次神舟十二号航天员首次出舱活动顺利实施，地面各系统也密切配合，持续为航天员提供各种在轨支持。这次出舱活动涉及航天员、空间站平台、机械臂、地面测控网等不同的人员和系统，针对各人员和系统之间的相互约束和协同关系，相关人员进行了周密设计，以保障出舱活动的顺利实施。

同时，由于出舱活动的工作量大、过程复杂，地面各系统提前近半个月就开始了相关的准备工作。为了便于管理，在北京航天飞行控制中心调度指挥下，各个部门根据各自任务范围，起了不同的代号。例如，代号"曙光"的任务是重点关注航天员的在轨支持；代号"天和"的任务是关注空间站天和核心舱的平台运转；代号"天路"的任务是调度中继卫星测控网；等等。

此次出舱活动，体现出一个高效团队的良好协作能力。正是由于相关人员和系统都能够按照程序，密切协同开展工作，才使得这次的出舱活动取得圆满成功。

（资料来源：中国新闻网，作者王祎，2021-07-05，有改动）

课堂活动

龙舟队是一个公认的比较高效和具有高执行力的团队。在龙舟比赛中，只有执行力最强的龙舟队才能够获得龙舟赛的最终胜利。龙舟队的高效可以从哪些方面体现出来呢？请说一说你的看法。

二、团队角色定位

对于大学生而言，培养个人的团队精神有助于其更好地融入集体，树立与团队同甘共苦的意识与信念，提高自身的团队协作能力。培养个人的团队精神必须精准定位自身在团队中的角色，注重对个人的协作精神、大局意识和服务精神的培养。

扫一扫

团队角色的类型

（一）团队角色的类型

团队角色是指一个人在团队中某一职位上应该有的行为模式。一个团队总是由不同的角色组成，每个成员在团队中所扮演的角色都各不相同。

根据贝尔宾团队角色理论，一支结构合理的团队应该至少有八种角色，即实干者、协调者、推进者、创新者、信息者、监督者、凝聚者和完善者，具体如表8-1所示。

表8-1　团队角色

名称	典型表现	优点	缺点
实干者（CW）	性格相对内向、保守，有责任感，效率高，通常会给人务实可靠的印象；对自身的生活、工作环境比较满意，不会主动要求改变，大多对新生事物不感兴趣；愿意按照上级意图踏踏实实做事，做好自己所擅长的、固定不变的工作。	组织能力强、务实，且工作努力，有良好的自律性。	往往缺乏灵活性，抗拒变革。
协调者（CO）	具有良好的自控力和判断力，遇到突发事件时，能够沉着、冷静地分析，能够控制好自己的情绪。	能够整合各种不同的人以达成目标，待人公平。	其他能力相对较弱。
推进者（SH）	性格比较开朗，善于与人沟通；思维比较敏捷，具有举一反三的能力；看问题思路比较开阔，能从多方面考虑解决问题的方法；富有挑战精神，能够更快、更好地接受新观点、新事物；善于利用各种资源克服困难和改进工作流程。	愿意挑战传统，厌恶低效地做事，反对自满和欺骗行为。	耐心不够；不会用幽默和道歉的方式缓和局势。

名称	典型表现	优点	缺点
创新者（PL）	有创意，想法多，具有鲜明的个性；思想比较前卫，对许多问题的看法与众不同；考虑问题不拘一格，思维比较活跃。	有天分、富有想象力、博学。	比较个人主义，总是从自己的想法、个人的思维出发，不太考虑周围人的感受，也不太考虑这个想法是否适合企业、团队的需要。
信息者（RI）	性格往往比较外向，对人、对事总是充满热情，总表现出很强的好奇心；与外界联系比较广泛，善于搜集各类信息；善于人际交往。	发现新事物的能力较强，能与创新者成为朋友，善于迎接挑战。	容易喜新厌旧、没有常性。
监督者（ME）	冷静，不太容易情绪化，处理问题时比较理智；对人、对事言行谨慎、公平客观；喜欢比较团队成员的行为、观察团队的各种活动过程。	判断能力、辨别能力非常强。	缺乏鼓舞他人的能力和热情，有时候比较喜欢挑毛病、爱批判别人。
凝聚者（TW）	善于协调各种人际关系、化解矛盾；为人处事比较温和，注重人际交往，能够与人保持和善友好的关系，是团队的润滑剂。	善于随机应变、化解矛盾，能够促进团队和谐。	优柔寡断，不够果断，不愿承担工作压力，喜欢推卸责任。
完善者（FI）	追求精益求精，通常喜欢埋头苦干，遵守各项秩序，尽职尽责。	坚持不懈，喜欢亲力亲为，精益求精。	会为小事焦虑，爱吹毛求疵。

课堂活动

《西游记》是大家都熟知的故事，师徒四人组成的团队中每个人的性格和特长都不一样。请想一想，他们四人分别在团队中扮演着怎样的角色？起到了哪些作用？

（二）团队角色定位

每个人都会自觉或不自觉地在团队中扮演某些角色，而回避另一些角色。认定"我是谁"，确认"我"应该在团队中扮演和充当什么样的角色，知道自己要做什么、怎样才能做好，即在其职、做其事、尽其责，这是职业人取得成功的重要基础。

在工作过程中，最难的就是如何认清自己的角色定位，以保证工作高效、高质地完成。一些刚踏入职场的大学生，往往会错误定位自己的团队角色，从而导致工作不顺利。有的大学生对自己的角色定位过高，常常高估自己的能力，低估工作难度，因此总是会犯冒进主义的错误。有的大学生对自己的角色定位过低，自信心不足，总是认为自己的能力不够，就容易在工作中裹足不前、畏首畏尾。还有的大学生经常发生角色错位的情况，即对自己的定位与自己实际应当承担的角色不符。例如，本来应该负责外部业务，却总是喜欢热心给同事帮忙，做了很多本该是内勤的工作，最后不仅自己劳心劳力，还将团队的秩序弄得一团乱。

那么，大学生如何才能准确定位自己的团队角色呢？一般来说，应注意以下几点。

1. 认清"理想"与"现实"

职业人对自己的角色定位过高，归根到底是因为没有认清自己希望的团队位置与自己实际的工作能力之间的差距。因此，职业人必须客观认识自己的实际工作能力，并对其做出精准的评估，然后判断自己的职业倾向和目标岗位的特征是否相符，才能找出能最大化地发挥自身价值的岗位角色，从而最大限度地扮演好自己在团队中的角色。

2. 用"榜样目标"的工作业绩检验自己

当职业人对自己的团队角色定位模糊不清，或者对自己的角色定位过低、信心不足时，应该找一个"榜样目标"学习和检验。通过学习"榜样目标"的工作方法，并在工作的实践中不断地检验自己和"榜样目标"的差距是否缩小，度过这段定位不清或过低的阶段，从而逐渐找准自己的定位。

3. 认清自己的权利和义务

团队工作是一种集体工作，团队中的每个成员都有属于自己的权利和义务。职业人应认清自己的权利和义务，如果发现自己的权利和义务与自己实际付出的努力不符合时，就必须对自己进行自我反思和矫正，尽早让自己的角色"归位"，从而更加高效地完成工作任务。

 职 场 故 事

地铁的"世界杯最佳阵容"

足球运动能很好地体现团队精神。在这项集体运动中，个人能力固然重要，但团队合作才是决定比赛结果的关键。

一盘散沙难成大业，握紧拳头才有力量。若把地铁看成一支足球队，那么各个岗位就像是不同位置的球员。要想将各个岗位的人员组成一支"梦之队"，会是什么样的呢？

安全生产工作是做好一切工作的前提和基础，因此我们不妨选择以防守为主的541阵型，行稳方能致远。

门将——调度

优秀的守门员不仅要有"一夫当关万夫莫开"之勇，更要有在后场调度指挥全队的大局观，堪称"最强大脑"。这一位置，调度再适合不过。每一天，他们坐镇地铁运营大后方运筹帷幄，决胜千里之外，一切尽在掌控。想要突破他的五指关？难！

中后卫——保安+安检+保洁

在重要的中后卫位置上，车站的"吉祥三宝"能堪大任：保安守一方秩序，守护乘客的出行；安检守一方平安，守好安全卡控的第一关；保洁守一方清洁，保障车站的环境卫生。"三宝"协同作战，形成了门前一道坚不可摧的钢铁防线。

边翼卫——运检工+库管工

边翼卫不仅要擅长防守，还要能利用速度优势插上助攻，为前锋输送"炮弹"。这两个岗位攻防一体，显然能最大限度实现"两翼齐飞"。

车辆运检工以"司机+车辆检修"的双重身份服务于全自动运行线路，拥有一岗多职的专业技能。他们既能在幕后精检细修，又能化身司机冲锋在前。库管工虽身居后方，但却深谙"兵马未动粮草先行"之道。他们守护库房物资的同时，也保障着将物资以最快速度调配到一线，为前锋提供充足"弹药"，是他们行动的准则。

后腰——车辆+维保

后腰是球队攻防转换的枢纽。"腰"要硬，才可能有好成绩。

在这对搭档中，车辆主守。车辆检修工作为"车辆医生"，每天与各种隐患打交道，精确测试每一个构件的"健康状况"，不让任何零件"带病上岗"，练就了一双洞察一切的"火眼金睛"。有他坐镇中场，任何来自正面的威胁球都休想穿过。

维保则担当着上下串联的重任。现代足球要求的优秀中场，是能在攻守两端影响比赛的 B2B 球员，他们拥有超强耐力及贯穿全场的持续爆发。这对常态日行两万米的维保人来说，是再适合不过的位置。他们上能维修接触网，下能巡检轨行区，以"智慧维保"守护线网维保设备稳定运行。作为攻防的指挥官，他们不行谁行？

边前卫——站务+服务热线

边前卫是直面对方防线，助力前锋摧城拔寨的重要进攻火力。站务和服务热线有着直接服务乘客的相同点，他们都是"秉持真诚、服务大众"理念最直接的体现。

站务作为地铁服务乘客的窗口，每天都要面对各种各样的乘客事务，维持站台秩序、留意乘客动向、及时提供帮助……他们时刻紧盯车站的每一个角落，切实做好服务品质长效提升，就像边前卫要眼观六路，用各种方式摆脱对方的防守，为前锋做出绝妙助攻。

服务热线虽然并不直接面对乘客，但却通过声音搭建起与乘客沟通的桥梁，一如边前卫运用绝妙的传球与前锋连线，破门得分。客服信息员们在自己的"领地"展现着运营人的真诚服务，"用声音传递微笑，用心灵沟通你我"，确保乘客每一次来电满意。

前锋——乘务

前锋的责任就是进球。无论用什么方式，只要能把球送进球门，就是一名好前锋。而对乘务来说，确保行车安全就是他们的职责。"手柄轻四两，责任重千斤"，每一天，他们守护着列车运行，一趟趟安全地运送乘客，一次次车门和屏蔽门的精准对齐，与前锋一次次把球准确送入网窝异曲同工。

《淮南子》有言："乘众人之智，则无不任也；用众人之力，则无不胜也。"

团队的力量是无穷的。地铁飞速发展的背后，正是千千万万运营人的凝心聚力、同心同向。每一个人虽身处不同的平凡岗位，但却能紧紧拧成一股绳，汇聚成新时代昂扬奋进的洪流，做出不平凡的成就。

（三）团队成员应具备的基本素质

一个优秀团队的成员除了应该具有必要的技术和能力之外，还应该学会互相尊重、互相欣赏、互相信任、互相包容。

1. 互相尊重

尊重没有高低之分、地位之差和资历之别，尊重是团队成员在交往时的一种平等的态度。团队的每一个成员首先是一个追求自我发展和自我实现的个体人，然后才是一个从事工作、有着职业分工的职业人。虽然团队中的每个成员都有自己的价值观，但不论资历深浅、能力强弱，他们都同样有被尊重的需要。因此，一个优秀团队的成员应平等待人、有礼有节，既尊重他人、又尽量保持自我个性。

对于个人来说，互相尊重意味着要做到尊重他人的个性和人格、兴趣和爱好、感觉和需求、态度和意见、权利和义务、成就和发展等，不能要求别人做他不愿意做或做不到的事情。

只有团队中的每一个成员都做到尊重他人，团队才会得到最大的发展，而团队中的成员也会随之取得最大的成功。

2. 互相欣赏

欣赏就是主动去寻找他人的积极品质，并学习这些品质。孔子说："三人行，必有我师焉。"每个人的身上都有闪光点，都值得去挖掘和学习。如果能够把团队里面每个成员的优点都变为自己的优点，灵活运用，就能使自己的能力、潜力慢慢得到升华。

同时，每个团队成员还应善于发现和学习其他团队成员的优点，保持谦虚的态度。这不仅能够促使自己在团队中不断进步，还能成功地拉近与其他团队成员之间的距离，从而更好地融入团队。

不一样的会议

某公司刚刚上任了一位新总经理。为了了解公司的整体情况，总经理召集公司各个部门的主管开会。

会议开始后，各部门主管逐一汇报工作。市场开发部主管汇报完毕后，非常懊恼地对总经理说："我们的任务没有完成，都是因为生产部未按时交货！"生产部主管听了，立刻辩解道："我们交不了货，是因为客户不满意产品设计部的设计方案。而且业务部下单交期的时间太短，加上中间插单、改单情况太多，才没有完成生产任务。我们实在没有办法按时完成订单。这不能都怪我们生产部。"生产部主管说完，其他几个部门主管也不服气，纷纷开始为本部门辩解，同时批评别的部门不配合。各个部门的主管争辩不休，场面一度变得非常"热闹"。

会议进行到此时，总经理终于忍不住了。他"啪"地拍了一声桌子，示意大家安静下来，然后说："从今天开始，以后在会议中只能报告两个内容：一是在本周内有哪些部门、哪些人积极配合了你所在部门的工作；二是说出你自己和本部门的工作有哪些没有做好或不足之处，接下来准备如何改进。"

各部门主管听了，一时间会议室里鸦雀无声。以往他们总是盯着其他部门的错处，很少注意过其他部门对本部门的帮助。过了好一会儿，有个主管为了缓解尴尬的局面，对总经理说："总经理，那天我的一个客户来找我，我正好在外面见其他客户。还是您帮我接待了客户，解了围。谢谢！"有了这个主管起头，会议终于在一个较为和谐的气氛中继续进行。

从那之后，每次开主管会议，总经理都要求他们夸别人。几次以后，会议的气氛转变了，公司内部的氛围也随之改变。而且神奇的是，整个公司的工作效率也越来越高，许多之前需要一个月完成的任务，现在能用更少的时间完成。

只是一种汇报方式的转变，却带来整个团队效能的提升与团队氛围的巨大转变。这是因为学会欣赏别人、肯定别人对自己的实质性帮助是团队成员所需要具备的基本素质，也是推动团队不断向前发展的动力之一。如果大家都能互相尊重、互相欣赏，学会看到他人对自己的帮助，同时也主动去帮助他人，那么整个团队的凝聚力将得到大幅提升，进而提高整体工作效率。

3. 互相信任

信任会影响团队成员日常的沟通，从而影响团队的行为和绩效表现。如果每一个团队成员都能信任团队中的其他人，他们就能够以开放的心态坦诚沟通，更好地厘清目标，为实现目标而贡献自己的智慧。当所有成员看到共同协作取得的良好成果时，就会被激励，从而更加信任他人、拥有更加牢固的团队合作关系，形成一个团队成长的引擎。

相反，如果团队成员无法信任其他人，在沟通的时候不坦诚，在行动过程中不能全力以赴，甚至相互猜忌，团队就难以有好的表现。

视 野 纵 横

团队中最不受欢迎的人

在一个团队里，有的人人缘很好，而有的人却不受欢迎。下面列举了一些团队中不受欢迎的人的类型，希望团队里的每一个成员都能以此为戒。

没有任何特长的人

特长不是单纯指一技之长，也不是说一定要有多么好的技术，而是泛指其他人不会而你会、其他人会一点而你会很多、其他人会很多而你可以做得更完美，如善于付出、敢于做别人不愿意做的事情等，也是特长。

特长是团队成员的核心竞争力，是能够拥有团队影响力的重要工具。没有特长的人，就像是一块普通的石头，不管放多久都不会发光。

斤斤计较的人

斤斤计较的人太在乎眼前的利益而不考虑长远的机遇与发展。

在团队中要懂得"舍得"，有舍才有得。如果总是斤斤计较，其他人会认为你是一个不懂得分享的人，久而久之，就不再愿意与你交往，你就会成为团队的边缘人。

缺乏激情的人

缺乏激情的人给人的感觉就是对什么都不感兴趣，任何事情都和自己没关系。这种人不但会影响自身的生活与工作，还会影响到他人的情绪，以及整个团队的激情，继而影响团队的整体绩效。

单打独斗的人

在竞争异常激烈的今天，哪怕个人的能力再强，仅靠一个人的努力也是很难获得胜利的。由多种能力互补的人组成的团队才是获得长久胜利的保证。如果你的能力很强，但团队合作能力很差，不能与其他团队成员很好地进行配合的话，你就是团队里的短板。

不爱学习的人

在知识快速更新的今天，要想在某一个行业里成为常青树，仅靠在某一阶段的积累是远远不够的。作为团队的一员，必须具有"活到老，学到老"的意识，否则将难以跟上团队前进的步伐。

4. 互相包容

包容是指宽厚待人、与他人和谐相处。冲突是团队合作中不可避免的阻碍，如果在面对冲突、遇到困难时，团队成员总是先指责他人、"火药味"十足，合作就不可能顺利。如果团队成员都能够包容他人、密切合作、克服困难，那么，团队就能够创造更大的价值。

三、团队精神的培养

团队精神是大局意识、集体意识和服务意识的体现。它反映了团队成员的士气，可以凝聚整个团队的力量，推动团队不断进步、高效发展。在如今的职场，团队成为企业生存和发展不可或缺的重要因素，每个企业都希望能建立一支强有力的团队，拥有具有团队精神的员工。因此，具有团队精神是大学生融入职场、取得成功的必要条件。

大学生团队精神的培养可以从以下几个方面着手。

（一）提升合作意识

在实际工作中，团队成员的合作意识非常重要。培养团队合作意识，大学生要努力做到以下几点：第一，要勇于承认自己的错误，敢于面对自己的缺点；第二，要善于看到其他团队成员的优点，然后取长补短，不断完善自己；第三，能够耐心解答他人提出的问题，愿意将自己所掌握的知识或技术分享出来；第四，要将自身的优势发挥出来，并将其转化为团队的优势，以更好地促进团队的发展。

📋 课堂活动

在辽阔的大草原上，如果见到羚羊在奔逃，那一定是狮子来了；如果见到狮子在躲避，那一定是象群发怒了；如果见到成百上千的狮子和大象集体逃命的壮观景象，那是什么来了？是蚂蚁军团！

蚂蚁是何等的渺小、微弱，任何人都可以随意处置它。可是为什么蚂蚁的团队，就连狮子和大象都退避三舍呢？从这个古老的寓言中，你可以得到哪些启示？请说一说你的看法。

（二）树立全局观念

是否拥有全局观念是判断一个职业人是否优秀的标准之一。要想拥有全局观念，大学生就要从树立共同目标、维护集体利益、学会高位思考三个方面着手，成为一个具有大局意识的团队成员。

（1）个人目标应与团队目标保持一致。在个人目标与团队目标发生冲突时，应积极协调两者之间的关系，努力维护团队目标。

（2）集体利益与个人利益是相互依存的。只有集体利益得到了维护，个人利益才会有保障。因此，个人更应积极关心和维护集体利益。

（3）很多职业人在思考问题时常常从自己的角度出发，这是缺乏大局观的表现。作为团队的一份子，团队成员应学会站在高位思考，即站在领导角度思考"为什么要做这项工作""这样做有什么好处"等问题，从而更好地理解团队决策，进而融入团队。

（三）注重全面沟通

沟通是团队合作的基础。团队成员在沟通时，应在互相尊重、互相坦诚、互相体谅的基础上，用恰当的方式理性、客观地表达自己的意见。沟通中各种观点的相互碰撞，可以增加团队成员对彼此的了解，帮助团队成员在沟通中建立相互信任、相互协作、相互帮助的相处模式，从而增强团队的凝聚力。如果团队成员不会表达和沟通，就不能让其他团队成员及时接收到相关信息，容易使人产生误会，从而耽误整个任务的进展，影响到团队成员之间的合作效果。

（四）善于处理冲突

团队成员之间经常会由于不同的观点、意见而发生冲突。如果团队成员不能正确处理这些冲突，就可能会使冲突扩大化，造成团队中人际关系的紧张，影响团队成员之间的信任与和谐，进而损害整个团队的凝聚力。因此，在出现冲突时，每个团队成员都有责任想办法合理化解冲突，主动找出冲突的原因，以帮助团队回归正常的合作氛围。

 职场故事

一人不成众，一木不成林

小李是一家大型软件公司的技术员，他不仅拥有出色的学历，而且能力也很强。可奇怪的是，小李在公司两年了，那些能力比他差的人都升职了，而他却一直停留在原位。

小李觉得自己受到了老板的冷落，于是在深思熟虑后，向老板提出了辞职。他本以为，老板会出于对他能力的认可而挽留他，可没想到的是，老板竟然很快就批准了他的辞职请求。

离开公司的那天，小李跑到老板办公室，不解地问："老板，我离开公司，您难道一点都不觉得遗憾吗？"老板看着他，回答说："我当然会遗憾，因为我将失去你这样一位有能力的员工。"小李更疑惑了，接着问："那您为什么不给我升职呢？"老板听了笑着说："小伙子，你在公司这么长时间，都没有融入你所在的团队。每次团队的重要任务，你也不能很好地与其他成员配合。很多次你们团队的任务，都因为你的一意孤行而出现问题。这样的员工就算个人能力再突出，也很难给整个公司的发展带来更好的效益。而那些能够全身心融入团队的员工，才是公司最需要的啊。"

现在的企业越来越重视团队的力量，越来越多的企业把是否具有团队精神作为招聘员工的重要标准。一个缺乏团队意识，不懂得互助和协作的人，即使有着超强的能力，也难以在工作中更好地发挥出自己的优势，甚至难以在职场中立足。

探索与训练

一、了解自我——贝尔宾团队角色自测问卷

下面每道题的回答都有 8 个选项，这 8 个选项可能在不同程度上描绘了您的行为。请根据您的实际情况完成问卷。

测试规则

（1）每题的总分为 10 分。

（2）根据自己的实际情况将 10 分分配给 8 个选项，把分数填入后面的表格中。

（3）最能体现您行为的句子得分最高，以此类推。

（4）在符合实际情况的前提下，可以将 10 分全部分配给其中的某一选项。

测试题目

1．我认为我能为团队做出的贡献是（　　　　）。

　　A．我能很快地发现并把握住新的机遇

　　B．我能与各种类型的人一起合作共事

　　C．我生来就爱出主意

　　D．一旦发现某些对实现集体目标很有价值的人，我会及时向团队推荐他们

　　E．我能把事情办成，这主要靠我个人的实力

　　F．如果最终能导致有益的结果，我愿面对暂时的冷遇

　　G．通常能意识到什么是现实的、什么是可能的

　　H．选择行动方案时，我能不带倾向性，也不带偏见地提出一个合理的替代方案

2．在团队中，我可能有的弱点是（　　　　）。

　　A．如果会议没有得到很好的组织、控制和主持，我会感到不痛快

　　B．我对那些有想法，但又没有将想法适当表达出来的人表现得过于宽容

　　C．集体讨论新的观点时，我总是说得太多

　　D．我的想法很多，使我很难与同事们打成一片

　　E．在一定要把事情办成的情况下，我可能会让人感到特别强硬或专断

　　F．可能由于我过分重视集体的气氛，我发现自己很难与众不同

G．我总是易于陷入突发的想象之中，而忘了正在进行的事情

H．我的同事认为我过分注意细节，总有不必要的担心

3．当我与其他人共同进行一项工作时（　　　）。

A．我有在不施加任何压力的情况下，去影响其他人的能力

B．我会随时注意，以防止粗心和工作中的疏忽

C．我愿意施加压力以换取行动，确保会议不是在浪费时间或离题太远

D．我总是能提出独到的见解

E．对于与大家共同利益有关的积极建议，我总是乐于支持

F．我热衷寻求最新的思想和新的发展

G．我相信我的判断能力有助于我做出正确的决策

H．对那些最基本的工作，我都能组织得井井有条

4．我在工作团队中的特征是（　　　）。

A．我总是想更多地了解我的同事

B．我经常挑战别人或坚持自己的意见

C．在辩论中，我通常能找到论据去推翻那些理由不充分的主张

D．我认为计划必须执行，我有推动工作运转的才能

E．我有意避免让自己显得太突出

F．对任何工作，我都能做到尽善尽美

G．我乐于与工作团队以外的人进行联系

H．尽管我对所有的观点都感兴趣，但这并不影响我做出最为妥善的决定

5．我在工作中得到满足，是因为（　　　）。

A．我喜欢分析情况，能权衡所有可能的选择

B．我对寻找解决问题的可行方案感兴趣

C．我觉得自己能促进良好的工作关系

D．我能对团队决策有强烈的影响

E．我能适应那些有个性的人

F．我能促成团队在某项必要的行动上达成一致意见

G．我觉得我的身上有一种能使我全身心地投入到工作中去的气质

H．我很高兴能找到一个可以发挥我想象力的团队

6．如果突然给我一项困难的工作，而且时间有限、人员不熟，我会（　　　）。

A．在有新方案之前，我宁愿先躲进角落，自己拟定出一个解脱困境的方案

B．我比较愿意与那些表现出积极态度的人一起工作

C．我会设想通过用人所长的方法来减轻工作负担

D．我天生的紧迫感，将有助于我们不会落在计划后面

E．我认为我能头脑冷静、富有条理地思考问题

F．尽管困难重重，我也能保证目标始终如一

G．如果集体工作没有进展，我会采取积极措施加以推动

H．我愿意展开广泛的讨论，意在激发新思想、推动工作

7．对于那些在团队工作中或与周围人共事时所遇到的问题（　　）。

A．我很容易对那些阻碍前进的人表现出不耐烦

B．别人可能会批评我太注重分析而缺少直觉

C．我有做好工作的愿望，能确保工作的持续进展

D．我容易产生厌烦感，需要一两个有激情的人使我振奋精神

E．如果目标不明确，让我起步是很困难的

F．对于我遇到的复杂问题，我有时不善于解释和澄清

G．对于我不能做的事，我会求助他人

H．当我与他人发生冲突时，我没有把握使对方理解我的观点

测试表格

请把每道题目的每个选项的得分填到表 8-2 中，并加起来得到总分。

表 8-2　得分统计表

题号	实干者（CW）		协调者（CO）		推进者（SH）		创新者（PL）		信息者（RI）		监督者（ME）		凝聚者（TW）		完善者（FI）	
1	G		D		F		C		A		H		B		E	
2	A		B		E		G		C		D		F		H	
3	H		A		C		D		F		G		E		B	
4	D		H		B		E		G		C		A		F	
5	B		F		D		H		E		A		C		G	
6	F		C		G		A		H		E		B		D	
7	E		G		A		F		D		B		H		C	
总计																

结果分析

分数最高的一项就是你表现出来的角色，分数第二、第三高的两项就是你的潜能。如

果分数在 10 分以上的有三项，证明你可以扮演三种角色，可以根据自己的兴趣对自己定位；如果你某个角色得分超过 15 分，证明你就是这个角色；如果某个角色得分低于 5 分，说明你不能去扮演这个角色。

二、拓展游戏——提升团队凝聚力

1. 行万里

道具要求：乒乓球、球槽。

场地要求：空旷的平地。

游戏人数：每组 3～5 人。

游戏时间：10 分钟左右。

游戏目标：感受团队成员之间的有效配合、衔接及自我控制能力，培养团队意识及责任意识。

游戏规则：

（1）每个队员手拿一根半圆形的球槽，将球传送（滚动）到下一个队员的球槽中。

（2）传完球的队员快速排到队伍的末端。

（3）下一个队员接住前方队员传来的球后，将球继续传送到后面队员的球槽中。

（4）所有队员依次接力传球，直到将球安全地传到指定位置为止。

2. 无敌风火轮

道具要求：报纸、胶带。

场地要求：一片空旷的场地。

游戏人数：12～15 人。

游戏时间：10 分钟左右。

游戏目的：培养团队成员团结一致、密切合作、克服困难的团队精神；培养团队成员的计划、组织、协调能力；增强队员间的相互信任和理解。

游戏规则：利用报纸和胶带制作一个可以容纳全体团队成员的封闭式大圆环，将圆环立起来，全队成员站到圆环内边走边滚动大圆环。

3. 报数

道具要求：秒表。

游戏时间：不限。

游戏人数：15～20 人。

游戏目的：通过竞争提高团队的效率；使团队每个成员都体会到自己在团队里承担的

责任；让团队领导发现团队问题，改善团队管理方法，提升团队领导力。

游戏规则：

（1）所有参加的人，在两分钟之内分成平均分成两组。

（2）各组选出一名队长负责组织团队比赛。队长不参加比赛。

（3）队长回答三个问题："是否有信心战胜对手？""如果失败，是否敢于面对队员的指责？""如果失败，是否愿意承担由此所带来的一切责任？"问题回答完毕后，比赛开始。

（4）两队从第一个人开始报数，至最后一名报数完毕结束。

（5）报数的速度越快越好，裁判掐表计算时间。两队都报数完毕后，由裁判宣布结果。输的一方由队长率领队员向对方表示祝贺，并对对方队员说："愿赌服输，恭喜你们！"然后，输的一方队长做 10 次俯卧撑以示惩罚。

（6）两队各自分析得失，然后再次进行比赛，其规则同上。如果上一轮输的小队再次输掉比赛，则队长做俯卧撑的次数翻倍。

三、经典电影片段表演——在团队协作中共同成长

活动目的

培养团队精神和协作能力的同时，展现个人风貌。

活动流程

（1）学生自愿组成小团队，人数不限。

（2）以团队形式报名。每个团队选一个电影片段进行表演。

（3）各团队需自行组织排练，准备表演所需服装、音乐、背景设计、道具等。准备时间为一周。

（4）各团队按照报名顺序表演。表演结束后，由全体团队一起进行评比。

模块九　创新思维

学习清单

每完成一项学习任务，就在对应的方框中打钩。

任务进程	序号	任务内容	是否完成
课前预习	1	尽可能多地寻找身边较有创意的新鲜事物，并了解它们被创造的原因	☐
	2	查找近两年各行各业的优秀创意作品，选出两个自己感兴趣的，并写出这些作品的创新点	☐
课中学习	3	阅读"典型案例"中的案例，并回答案例后的思考题	☐
	4	了解创新和创新能力的内涵	☐
	5	熟悉创新思维的类型	☐
	6	掌握创新技法	☐
课后复习	7	听一场关于创新的讲座，并写下自己的心得体会	☐
	8	观看《创新之路》纪录片，并写一篇不少于300字的观后感	☐

典型案例

感悟逆向思维的魅力

一天晚上，张强正在埋头准备演讲稿，他的儿子明明突然吵着让他陪着自己一起玩。张强解释要忙工作，但儿子就是不听，不停地在一旁吵闹。张强又气又恼，但不忍心责骂自己的孩子。突然，他想出一个好办法。他从手边的杂志上撕下了一页印着世界地图的纸，然后把这页纸撕成了若干片。做完这一切之后，他对明明说："如果你能在一个小时内把这幅地图拼好，我就陪你玩半个小时。"明明听了之后不再吵闹，拿着这些碎纸片回自己的房间去拼图了。家里顿时恢复了安静，张强终于能够继续准备他的演讲稿了。张强本以为明明需要很久才能拼好地图，谁知刚过二十分钟，明明就拿着一幅拼好的世界地图回来了。看着明明手中的地图，张强诧异地问："明明，你怎么这么快就把地图拼好了？"

"爸爸，这非常容易啊！地图背面是一幅人像，拼人像可比拼地图简单多了。我先把人像拼好，再把纸翻过来，地图也就拼好了。我想，如果这幅人像是正确的，那么这幅世界地图应该也不会出错。"明明得意地回答。听完明明的话，张强顿时一怔。明明的做法启发了他，他由此想出了第二天演讲的主题——换个角度，你会看到不一样的世界。

请思考 明明拼图的故事对你有何启发？什么是创新思维？大学生需要如何培养创新思维？

一、认识创新思维

创新思维是指用新颖独创的方法解决问题的思维模式。具备创新思维的人通常能突破常规思维的限制，以超常规甚至反常规的方法、视角去思考问题、解决问题。在现代社会，创新思维的重要性日益凸显。它不仅可以帮助个人实现人生目标，还可以推动整个社会的进步和发展。因此，培养和发展创新思维对于每个人都具有重要意义。

 职场故事

巧移"钟王"

北京大钟寺有一座号称"钟王"的大钟，重达八万七千斤。这是明朝皇帝朱棣为了防止民众造反，派军师姚广孝收集老百姓的各种兵器后铸造的。不知什么原因，这口大钟沉到了西直门外万寿寺前面的长河河底。

一百多年后的一天，一位捕鱼的老汉发现了河底埋的这口大钟。清朝皇帝得知此事后，下令将这口钟打捞上来，并挪动到觉生寺（即现在的大钟寺），再修建一座大楼来悬挂这口大钟。从河底把大钟打捞上岸虽非易事，但经过一番努力，总算捞了上来。然而，要把这八万七千斤重的大钟挪动到五六里地以外的觉生寺，却没人能想出一个可行的办法来。大钟是夏天捞出来的，到秋天还没有人想出主意。

有一天，参与此事的一个工头和几个工匠在工棚里喝闷酒。大伙围坐在石桌旁。这时外面下起了雨，从棚顶漏下来的雨水都滴在了石桌上。坐在石桌一头的工匠叫坐在另一头的工匠给他倒一盅酒。酒倒好后，由于手上有水，在传递时不小心把酒盅弄翻了，引得大伙连声抱怨："太可惜了！"这时，一个工匠说："何必用手传呢！石桌上有水，桌面是滑的，轻轻一推，酒杯不就过去了。"一个平时很少说话的工匠沉思了片刻，突然站起来兴奋地说："有啦！有啦！挪动大钟的办法有啦！"这个工匠联想到的办法是，从万寿寺到觉生寺挖一条水槽，灌进二尺深的水，待冬天河里的水结冰后，将大钟放在冰上推到觉生寺。后来，他们就是采用这个办法将大钟从万寿寺挪到了觉生寺。

（资料来源：网易网，2023-05-03，有改动）

💻 **课堂活动**

有人认为，提出一个好问题远比提出一个好答案重要。你认同吗？为什么？

二、创新思维的类型

创新思维的类型包括发散思维、集中思维、联想思维、逻辑思维和逆向思维等。

（一）发散思维

发散思维又称"辐射思维""放射思维""扩散思维"，是指围绕某一问题沿着不同方向、不同角度进行思考，从而获得多种设想、方案的思维方式。这种思维方式可以让人们摆脱传统思维习惯的禁锢，突破常规思维的束缚，提出新颖、独到的见解。

要想熟练地运用发散思维，大学生应勤于实践，有意识地训练自己的思维，使自己的思维处于异常活跃的状态。每当遇到问题时，应当摆脱旧观念的束缚，尽可能地赋予所涉及的人、事、物以新的性质，从多种维度发散自己的思维，如进行"一题多解""一事多写""一物多用"等练习。按照这个思路进行思维训练，往往能够达到触类旁通、推陈出新的效果，不仅使自己逐渐养成从多方位、多角度思考问题的良好习惯，还会得到丰富多样且有创见的观点或思路。

📖 课堂活动

以小组为单位完成以下发散思维训练。

（1）假如你所在的公司需要为新推出的一款香皂策划营销方案，想通过展示香皂的不同用途，获得更多顾客的青睐。请你用发散思维，尽可能多地列出香皂的用途。

（2）传统的衣服都是用棉、毛、麻、人造纤维等材料制成的。除了这些材料，还可以用什么材料制作衣服？请尽量多列举。

（3）请用两条直线将一个正方形切分成大小、形状完全相同的 4 份，并想一想最多有几种切分方式。

（二）集中思维

集中思维又称"收敛思维""聚合思维""求同思维"，是指在发散思维的基础上，将获得的若干信息或思路重新组织，使之指向一个最合适的答案、结论或方案的一种思维方式。具体说来，就是对发散思维提出的多种设想进行整理、分析、选择，再从中选出最有可能实现、最经济、最有价值的设想，并对其进行进一步的深化和完善，从而获得一个最佳方案。

集中思维是与发散思维相对而言的，两者具有互补性。从某种程度上来说，创造性思维活动就是发散思维和集中思维有机结合、循环往复而构成的思维活动。大量实践证明，大学生只有既重视发散思维的培养，又重视集中思维的培养，才能更好地促进自身创新思维的发展，逐渐成长为社会需要的高素质人才。

课堂活动

以小组为单位完成以下集中思维训练。

（1）教室中有哪些既发光又发热的东西，它们有哪些共同点？

（2）海水与江水有哪些共同之处？

（3）狮子、琴凳和小轿车有哪些相同之处？

（4）假如你的家在深圳，而你在东北上学。寒暑假回家路途很远，你能选择一种省钱省时又不太辛苦的交通方式吗？

（5）假如你的同学遭遇重大家庭变故，他想辍学打工帮助家庭减轻负担，请你帮他设计一个既能坚持完成学业，又能帮助家庭减轻负担的方案。

（6）假如你的朋友开了一家钟表店，他想在店门前挂两个钟表模型，你会建议他将钟表的时针和分针分别调到什么位置。

（三）联想思维

联想思维是指在原先并不相关的事物之间搭起一座桥梁，将其联系起来的一种思维方式。人们常说的"由此及彼""由表及里""举一反三"等就是联想思维的体现。联想思维可以使我们扩展思路、升华认识、把握规律，联想思维能力越强，越能把意义上跨度很大的事物联系起来，从而使思路变得更加开阔。联想思维的形式一般分为以下几种。

1. 接近联想

接近联想是指由一个事物联想到在时间、空间或某种联系上相接近的另一个事物。例如，由"桃花"想到"阳春三月"，由"蝉声"想到"盛暑"，由"大雁南去"想到"秋天到来"，由"北京天安门"想到"人民大会堂"，等等。

2. 类比联想

类比联想是指由一个事物想到另一个与其在性质、形态上接近或相似的事物。例如，文艺作品中用"暴风雨"比喻"革命"，用"雄鹰"比喻"战士"。又如，将汽车比作人的身体，将汽车的燃油比作食物，等等。

3. 对比联想

对比联想是指由一个事物联想到与其具有相反特点的另一个事物。例如，由"白"想到"黑"，由"高"想到"矮"，由"胖"想到"瘦"，由"高兴"想到"忧伤"，由"自由"想到"禁锢"，由"朋友"想到"敌人"，由"战争"想到"和平"，等等。对比联想能让人看到事物的对立面，对于深入认识和分析事物有重要的作用。

课堂活动

以小组为单位完成以下联想思维训练。

（1）看到火车站的大楼，你会联想到什么？

（2）看到海洋馆里的海洋生物，你会联想到什么？

（3）深秋到了，看到满地的落叶，你会产生什么联想？

（4）看到田野中的麦浪，你会产生什么联想？

（5）当你在街道上散步时，发现有人从住宅楼上扔下了一百块钱，你会产生什么联想？

榜样人物

把创新当习惯，大庆石油女工的初心坚守和成长密码

在大庆油田采油二厂第六作业区采油 48 队，采油女工刘丽拥有一个让人羡慕的、以她个人名字命名的"刘丽工作室"。据统计，自刘丽工作室建立以来，大庆采油二厂的创新成果数量由过去的每年 100 多项增加到现在的每年 300 多项；革新成果近千项，累计创效近亿元。

采油"女状元"

19 岁，刘丽以全校第一名的成绩从技校毕业，成为一名石油工人；28 岁，刘丽被破格聘为"采油技师"；32 岁，刘丽被聘为"采油高级技师""油田公司技能专家"；35 岁，刘丽成为大庆油田最年轻的"集团公司技能专家"；43 岁，刘丽成为"全国五一劳动奖章"、国务院政府特殊津贴获得者。

刘丽对自己技术上的要求几近苛刻，她说："石油行业不是一门'掘地三尺找油，只会埋头苦干'的粗活，采油工要想干出水平来，光靠力气不行，技术水平的提升很重要。"

"革新梦工厂"

"怎么把活干得更巧、更快、更好？"正是这种简单的想法让刘丽开始了革新之路。

在刘丽众多的革新成果中，有一项杰作——上下可调式盘根盒，创利上千万元。

更换盘根盒中的密封圈，原来是最让采油工人头疼的。更换的时候要用螺丝刀在只有 1 厘米宽的环形空间里，把密封圈一个一个抠出来，越深越难抠，换一次密封圈要

四五十分钟。而长时间停机，会影响油田产量。

刘丽想革新，几乎天天都在琢磨。直到有一次，刘丽在使用口红时茅塞顿开。"我转动的是底部，但是口红从上边慢慢地露出来了，同样可以设计一个顶出的结构把这个密封圈顶出来。"她立即着手查找资料，设计图纸，寻找厂家加工。第一个上下可调式盘根盒在2000年生产出来，刘丽第一时间把它装到了自己管理的抽油井上试验。

试验初期还算顺利，但是密封圈的磨损会造成漏油。为了找到适合的密封圈材质，刘丽几乎跑遍了大庆市的所有五金店，终于找到一种尼龙棒。刘丽通过加工、扣形制作，最终解决了漏油的问题。

经过不断的改进，最终研制成功的上下可调式盘根盒，不仅延长了盘根的使用寿命，而且减轻了油田工人的劳动强度。

在刘丽看来，只要是工作中不顺手、不方便、效率不高的地方，都可以创新。她研制的"螺杆泵多功能电缆护管""螺杆泵井方卡子分体护罩""减速箱可擦洗看窗"等革新成果在全油田批量推广使用。开展技术革新以来，刘丽共研制创新成果145项，获国家专利30项。

（资料来源：中工网，作者姚怡梦，2019-06-12，有改动）

（四）逻辑思维

逻辑思维又称"抽象思维"，是指人们在认识事物的过程中借助于概念、判断、推理等思维形式，能动地反映客观现实的一种思维方式。它是人类认识的高级阶段，即理性认识阶段。只有利用逻辑思维，人们才能把握事物的本质和规律。

例如，在运用某种创新思维方法提出多种新的设想后，要对每种设想进行分析、比较，然后根据可行性和可能产生的社会效益和经济效益进行筛选，这个过程就是逻辑思维的运用过程。

（五）逆向思维

逆向思维又称"求异思维""反向思维"，是指对司空见惯的、似乎已成定论的事物或观点从相反方向思考的一种思维方式。在日常生活中，一些利用常规思维难以解决的问题，通过逆向思维可能会轻松化解。例如，当同伴落入水缸急需施救时，常规的思维模式是"救人离水"，而少年时期的司马光面对险情，却运用了逆向思维，果断地用石头把缸砸破，"让水离人"，从而挽救了同伴的性命。

逆向思维的方法主要有以下三种。

（1）反转型逆向思维法，指从常规思路的相反方向进行思考的一种思维方法。

扫一扫

逆向思维

（2）转换型逆向思维法，指利用常规手段无法解决问题时转换思考的角度或换用另一种方法，使问题得到解决的一种思维方法。

（3）缺点型逆向思维法，指将事物的缺点变为可利用的特点，化被动为主动，化不利为有利的一种思维方法。

榜 样 人 物

钟本和：打破传统思维模式，坚持创新

80 多岁的钟本和，已在中国磷化工领域耕耘了 60 余年。她带领团队攻克的料浆浓缩法制磷铵，为中国磷化工事业的发展和化工科技的进步立下了汗马功劳。

20 世纪 70 年代，中国农业发展遇到瓶颈，土壤缺磷导致农作物"苗壮实不壮"，极大地影响了农业生产。中国能够生产磷铵的磷矿石，集中于云南、贵州、四川、湖北等地区，但多为杂质含量高的低品位胶磷矿。

磷铵作为一种最主要的高浓度氮磷复合肥品种，在现代磷肥的生产和消费中占有极其重要的地位。在 20 世纪，磷铵的生产工艺主要是浓缩磷酸法，对磷矿石的质量要求很高。国内的低品位矿石很难直接用于生产高浓度磷肥。

料浆浓缩法制磷铵工艺（以下简称"料浆法"），是一个逆向思维的产物，最开始面临的是一片质疑。"当时反对的声音很大，说人家别的国家又不傻，美国与英国都是浓缩磷酸，你咋来个逆向思维，要浓缩料浆。甚至有人怀疑我是在异想天开。"钟本和说，团队在实验室中得出的数据和成果，证明料浆浓缩法是可行的，所以我们想试一下。

之后，钟本和团队与四川省银山磷肥厂共同进行了料浆法的开发研究。"实验室跟工厂结合后，我们合作做了一个反应罐，试了一下，结果比较好，我们就增强了信心。"

由理论到中间试验的过程，确定了料浆法核心部分的理论基础，并在试验中确定了流程。浓缩罐试验之后，工厂便上了 4 000 吨规模的试验。前期的基础研究和 4 000 吨的规模中间试验成果，于 1988 年获得国家科技进步一等奖。之后，料浆法逐步实现产业化，为我国生产了大量优质的磷铵复合肥料。

料浆法打破了国外的技术垄断，结束了中国中低品位磷矿不能生产磷铵的历史，彻底扭转了中国长期依赖进口磷铵生产磷肥的局面，实现了中国粮食增产、农业利润增收，保障了中国的粮食安全。

（资料来源：中国教育网，作者李雪、高敏，2021-12-27，有改动）

三、掌握创新技法

创新技法是指创新活动中带有普遍规律性的方法和技巧，是人们通过研究有关创造发明的过程，总结、提炼出的创新的有效方法和程序的总称。创新技法是通过研究一个个具体的创新环节，如创新的题目是怎样确定的、创新的设想是怎样提出的、设想又是如何变成现实的等，从而揭示创新的一般规律和方法的。

（一）头脑风暴法

头脑风暴法又称"智力激励法""自由思考法""畅谈法""集思法"，是指无限制地进行自由联想和讨论的方法，其目的在于产生新观念或激发创新设想。

1. 头脑风暴法的实施原则

实施头脑风暴法时，群体讨论的方式十分关键。为保证群体能进行充分、非评价性和无偏见的交流，实施头脑风暴法应遵守如下原则。

（1）自由畅谈原则：即应创造一种自由、活跃的气氛，使参加者不受任何条条框框的限制，放松思想，从不同角度、不同层次、不同方向大胆地展开想象，从而尽可能地提出标新立异、与众不同的想法。

（2）延迟评判原则：即当场不对任何设想做出评价，既不肯定或否定某个设想，也不对某个设想发表评论性的意见，一切评价和判断都要延迟到会议结束后才能进行。

（3）禁止批评原则：即每个人都不得对别人的设想提出批评意见，因为批评会对创造性思维产生抑制作用。即使自己认为是幼稚的、错误的，甚至是荒诞离奇的设想，也不得予以驳斥。

扫一扫

头脑风暴法

（4）追求数量原则：即尽可能多地提出设想。参加会议的每个人都要抓紧时间多思考，多提方案。至于设想是否可行或是否有创造性，可留到会后的设想处理阶段去解决。

2. 头脑风暴法的实施步骤

一般来说，头脑风暴法的实施应遵循以下步骤，如图 9-1 所示。

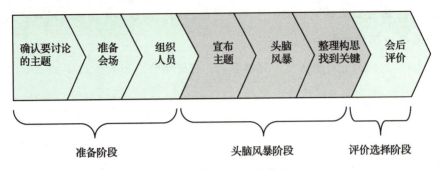

图 9-1 头脑风暴法的实施步骤

（1）准备阶段。在该阶段，会议组织者需要做以下准备：选定讨论的主题，并设定解决问题所要达到的目标；选定参会人员（一般不超过 10 人），选出 1 名记录员；确定会议时间和场所；准备好纸、签字笔等记录工具；布置场所。

（2）头脑风暴阶段。在该阶段，应先由组织者介绍本次会议的主题，指明有待解决的问题；再由组织者引导参加人员提出各种设想，由记录员记录所有设想。当所有参加人员都无法再提出新的设想时，会议结束。

（3）评价选择阶段。将参加人员提出的所有设想整理成若干方案，再根据相关标准进行筛选。经过多次反复比较，优中择优，最后确定 1～3 个最佳方案。

坐飞机扫雪

有一年，某国北方格外寒冷，大雪纷飞，通信电缆上积满冰雪，大跨度的电缆常被积雪压断，严重影响了通信。当地电信公司经理为了解决这一难题，召开了一次头脑风暴座谈会，参加会议的是不同专业的技术人员，经理不仅要求他们必须遵守自由畅谈、延迟评判、禁止批评、追求数量等原则，还鼓励他们在不断提出新的设想的同时，注意思考如何把两个或更多的设想结合成另一个更完善的设想。

按照这些原则和要求，大家开始讨论：有人提出设计一种专用的电缆清雪机；有人想到利用电热来融化冰雪；也有人建议用振荡技术来清除积雪；还有人提出带上几把大扫帚，乘直升机去扫电缆上的积雪……

对于"坐直升机扫雪"的想法，尽管大家心里觉得滑稽可笑，但在会上也无人提出批评。而此时，有一位工程师正在凝神沉思，当他听到坐直升机扫雪的想法后，突然获得了灵感，一种简单可行且高效率的清雪方法闪现在他的大脑中。他想，每当大雪过后，出动直升机沿积雪严重的电缆飞行，通过调整旋转的螺旋桨即可将电线上的积雪迅速扇落。于是，他马上提出"用直升机扇雪"的新设想。这一设想顿时又引发其他与会者的联想，有关用飞机除雪的主意一下子又多了七八条。不到1个小时，与会的10名技术人员共提出90多条新设想。

会后，公司组织专家对设想进行了分类论证。专家们认为设计专用的清雪机，采用电热或电磁振荡等方法清除电缆上的积雪，虽然在技术上可行，但研发成本高、周期长，一时难以见效。而那个由"坐直升机扫雪"激发出来的设想，倒是一种大胆的新方案，如果可行，将是一种既简单又高效的好办法。后来，经过现场试验，人们发现用直升机扇雪果真能奏效。

一个久悬未决的难题，终于在头脑风暴会议中得到了解决。随着创造活动的复杂化和课题涉及技术的多元化，单枪匹马式的冥思苦想将变得软弱无力，"群起而攻之"的战术则显示出攻无不克的威力。

（二）奥斯本检核表法

奥斯本检核表法是指通过逐个核对、讨论检核表中的问题，从而发掘出解决问题的大量设想，以求得比较周密的思考，进而完成创新的方法。所谓检核表，是指根据需要研究的对象的特点列出相关问题而形成的列表。奥斯本检核表法的核心是改进。

奥斯本检核表法中的问题可归纳为9类，分别是能否他用、能否借用、能否扩大、能否缩小、能否改变、能否代用、能否调整、能否颠倒、能否组合。

1. 能否他用

对于某种物品，思考"还能有其他什么用途""还能用其他什么方法使用它"这类问题能使我们的想象力活跃起来。当我们拥有某种材料时，若想要扩大它的用途，打开它的市场，就必须善于从这个角度思考。

例如，花生有哪些使用方法？有人想出了花生的300种使用方法，仅仅是用于烹调，就想出了煮、炸、炒、磨浆等多种方法。橡胶有什么用处？有人提出了多种设想，如用它制成毛毯、鞋底、轮胎、浴盆、人行道边饰、衣夹、鸟笼、门扶手等。当人们将自己的想象投入到思维"这条宽阔的高速公路"上时，就会以丰富的想象力产生更多的好设想。

"80后"女科学家王琳：提取丝胶修复神经

在中国，养蚕业是个历史悠久的古老行业。几千年来，人们一直用加热法处理蚕茧，以去除粘连蚕丝的丝胶。蚕丝，或者说纯净的丝素，最终被制成了丝绸，而丝胶却成了无人问津的废料。直到现代，人们已经为丝素开发出了纺织以外的用途，但对丝胶依然视若无睹。

而华中科技大学附属协和医院再生医学研究中心主任王琳，却发现了一种变废为宝的可能性，那就是用丝胶修复人体受损的神经、软组织和肌肤。

王琳和她的团队通过重新设计实验，首先否定了前人认为丝胶具有免疫原性，会刺激人体产生免疫反应的结论，打通了进一步研究的道路。在这之后，王琳开始关注丝胶蛋白的优点。她发现，丝胶具有良好的细胞黏附性、稳定的天然荧光特性和优越的成胶性能。这意味着它有可能被制成在人体内自然降解的医用材料，为人体组织再生修复效力。

交通事故导致的外伤、军人和警察在执行任务中遭遇的战伤，都有可能导致人体失去一段比较长的外周神经。为了尽快修复神经来保证肢体功能正常运转，目前的外科医生通常会考虑神经移植。但这样的治疗，必然会在患者身上形成多处损伤。

如果用丝胶制成"神经导管"，这个难题就有可能迎刃而解。就好比在两个断点之间修建一条具有纳米拓扑结构的微型"隧道"，让神经在"隧道"内重新生长对接。当修复完成时，导管本身也已经基本被人体所吸收，不必再经过手术取出。这种全新的神经修复策略，为伤员提供了减少"开刀"次数的可能性。

对于在老年人中高发的疾病脑卒中（又称"中风"），目前临床救治非常困难，治疗方法也非常有限。而丝胶恰恰为脑卒中的治疗提供了一种有吸引力的治疗方案。

王琳带领团队设计了在小鼠身上模拟脑卒中的实验，用鱼线暂时阻塞小鼠的脑部血管，大约15分钟之后再解开，以模拟脑卒中对脑神经的损害。而后，小鼠脑部就会被植入丝胶神经支架，以挽救濒临死亡的脑神经元，阻止其功能的丧失。对小鼠的"治疗"结果表明，用这种方式来修复受损神经是可行的，神经支架的降解产物可以促进神经细胞的代谢，避免了大量神经元的死亡。

在完成进一步的实验之后，这项技术就有可能进入对人类志愿者的临床应用阶段。

在王琳看来，丝胶的独特性质，使它有可能被开发成一种多功能的生物材料。甚至，丝胶可以制成某些药物或者细胞的载体再植入人体。只要让丝胶容器的降解速率与人体的组织修复速度相匹配，就可以发挥出类似"缓释胶囊"的效果。

（资料来源：央视网，作者薛姚、孟利铮，2017-03-20，有改动）

2. 能否借用

科学技术的重大进步不仅表现在某些科学技术难题的突破上，也表现在科学技术成果的推广应用上。通过联想借鉴，不仅可以使创新成果得到推广，还可以再次推陈出新，实现二次创新。这样，一种新产品、新工艺、新材料，必将随着越来越多的新应用而显示出强大的生命力。

例如，当物理学家威廉·康拉德·伦琴发现"X光"时，并没有预见到这种射线的任何用途。但后来人们通过联想借鉴，不仅让"X光"用于治疗疾病，还将其用于观察人体内部的情况。同样，电灯起初只用来照明，后来，人们从电灯的光线中得到启发，通过改变光线的波长，发明了紫外线灯、红外线加热灯、灭菌灯等。

3. 能否扩大

在自我发问的技巧中，研究"扩大"与"放大"这类有关联的成分，不仅有助于提出大量的构思设想，还能使人们扩大探索的领域。例如：

"为什么不用更大的包装呢？"——橡胶工厂大量使用的黏合剂通常装在 1 加仑的马口铁桶中出售，这种铁桶使用后便被丢弃。后来，有位工人建议将黏合剂装在 50 加仑的可反复使用的容器内，从而节省了大量马口铁桶。

"能使之加固吗？"——织袜厂通过加固袜头和袜跟，使袜子的销量大增。

"能增加一些功能吗？"——牙膏中加入某种配料，便成为具有某种附加功能的牙膏。

4. 能否缩小

如果说"能否扩大"关注的是使用范围、功能、价值等的增加，"能否缩小"则强调某一功能或某一方面的精细化程度。它尽可能地删去或省略多余的成分，是一种精益求精式的思考方法。例如，袖珍式收音机、微型计算机、折叠伞等就是"缩小"的产物。

5. 能否改变

通过改变事物的某些性质，可以为思维另辟蹊径，获得意想不到的结果。例如，改变一下车身的颜色，就会增加汽车的美感，从而增加汽车的销量；给面包裹上一层芳香的包

装，就能提高其嗅觉吸引力。

6．能否代用

通过取代、替换的途径，也可以为想象提供广阔的探索领域。例如，用充氩的办法来代替电灯泡中的真空，可以提高钨丝灯泡的亮度；用液压传动来替代金属齿轮，可以在工业生产中节省金属材料。

7．能否调整

通过重新调整，通常会带来更多的创造性设想，进而实现创新。例如，飞机诞生的初期，螺旋桨是安装在飞机头部的，后来，人们将螺旋桨安装在飞机顶部，就发明了直升机，将螺旋桨安装在飞机尾部，就发明了喷气式飞机。又如，商店柜台的重新安排，营业时间的合理调整，电视节目顺序的重新安排，机器设备的布局调整……都有可能产生更好的结果。

8．能否颠倒

这是一种反向思维方法，在创造活动中颇为常见和有效。例如，以前的工厂生产模式是工人们围着机器和零件转，又累效率又低，后来有人改变了工序，让工人们不动而零件动，就逐渐发展出流水线式生产模式，大大提高了效率。

9．能否组合

从综合的角度分析问题，有目的地将各个部分组合在一起，也可以带来创造性的成果。例如，把铅笔和橡皮组合在一起，就有了带橡皮的铅笔；把几种金属组合在一起，就有了性能各不相同的合金；把几个企业组合在一起，就构成了横向联合。

手电筒的创新思路

奥斯本检核表法是一种较为实用的创新方法，表 9-1 是该方法在改进手电筒方面的运用，同学们可以参考和学习。

表9-1　手电筒的创新思路

序号	检核类别	引出的发明
1	能否他用	其他用途：信号灯、装饰灯
2	能否借用	增加功能：加大反光罩，增加灯泡亮度
3	能否扩大	延长使用寿命：使用节电、降压开关

续表

序号	检核类别	引出的发明
4	能否缩小	缩小体积：1 号电池→2 号电池→5 号电池→7 号电池→8 号电池→纽扣电池
5	能否改变	改一改：改灯罩、改小电珠和使用彩色电珠等
6	能否代用	代用：用发光二极管代替小电珠
7	能否调整	换型号：两节电池直排、横排，改变式样
8	能否颠倒	反过来想：手电筒可以不用干电池，用磁电机
9	能否组合	与其他组合：带手电的收音机、带手电的钟表等

（三）5W2H 分析法

"5W2H 分析法"又称"七问分析法"。该方法利用五个以字母 W 开头的问题和两个以字母 H 开头的问题进行设问，以发现解决问题的线索，寻找创新思路，进行设计构思，从而产生新的创意。这七个问题的内容如下。

（1）What——是什么？目的是什么？做什么工作？

（2）How——怎么做？如何提高效率？如何实施？方法怎样？

（3）Why——为什么？为什么要这么做？理由何在？原因是什么？为什么造成这样的结果？

（4）When——何时？什么时间完成？什么时机最适宜？

（5）Where——何处？在哪里做？从哪里入手？

（6）Who——谁？由谁来承担？谁来完成？谁负责？

（7）How much——多少？做到什么程度？数量如何？质量水平如何？费用产出如何？

 职场故事

候机厅的小卖部

某航空公司在机场候机厅的二楼开设了一个小卖部。可奇怪的是，虽然候机厅每天人来人往，但小卖部自开张之日起便一直门庭冷落。为了解决这个问题，公司经理用"5W2H 分析法"进行了筛查，最后发现问题出在 Who（谁）、Where（地点）及 When（时间）三个方面。

（1）Who（谁），谁是顾客？机场小卖部在开设时便确定了目标顾客是入境的旅客，但是这些旅客不需要上二楼。在二楼停留的大多是接送旅客的人，他们完全可以在市内的商场里购物，没必要到机场小卖部来买东西。

（2）Where（地点），小卖部设置在何处？原来，旅客出入境的路线都是经海关检查后，直接从一楼左侧离开，根本不需要走二楼。小卖部的位置没有设在旅客的必经之路上。

（3）When（时间），何时购物？入境的旅客不上二楼，那么出境的旅客便成了潜在顾客，但是他们也只有在办完行李托运等相关手续后才有时间和精力去小卖店，而机场却规定旅客登机前才能将行李办理托运。这样，出境的旅客根本没有时间光顾小店。

由此可见，小卖部生意不佳的原因有三：未能留住目标顾客和潜在顾客；小卖部的位置偏离了旅客的必经之路；旅客没有购物时间。

针对这三点，经理与航空公司协商，调整了旅客行李托运的时间规定和旅客出入境路线，从而保证了充足的客源，小卖部的生意也日益红火起来。

（四）组合创造法

组合创造法是指从两种或两种以上的实物或产品中，根据原理、材料、工艺、方法、产品、零部件等不同的属性抽取合适的技术要素，进行重新组合，从而获得新的产品、新的材料、新的工艺的方法。它包括以下几种类型。

扫一扫

组合创造法的分类

1. 主体附加法

主体附加法就是在某种产品上附加新的部件，使主体产品的功能或性能略有拓展，从而让消费者在拥有主体产品的同时获得锦上添花式的附加利益。例如，穿上衣服的玩具娃娃，带指南针功能的手表（见图9-2），能测量温度的奶瓶（见图9-3），以及带照相功能的手机等，都是运用了主体附加法的创新产品。

图 9-2　带指南针功能的手表

图 9-3　能测量温度的奶瓶

2. 同类组合法

同类组合法是指将两个或两个以上相同或相似的事物进行组合的方法。在同类组合中，参与组合的对象与组合前相比，其基本性能和基本结构一般不会发生根本性变化。在生活中，运用同类组合法的创新产品有很多，如多头铅笔（见图 9-4）、双人自行车（见图 9-5）等。

图 9-4　多头铅笔

图 9-5　双人自行车

3. 异类组合法

异类组合法是指将来自不同领域的两种或两种以上不同类别的事物进行重叠的方法。在异类组合中，被组合的因子彼此间一般没有明显的主次之分，参与组合的因子可以从意义、原则、构造、成分、功能等任意一方面或多方面互相进行渗透，从而使组合后的整体发生变化。例如，可视电话便是将显示屏和电话进行有机组合而创造出来的。

（五）分析列举法

分析列举法是通过分析，尽可能全面地排列出事物的相关内容，尽可能做到事无巨细、全面无遗，从而形成多种构思方案的方法。它包括如下几种类型。

1. 特性列举法

特性列举法是通过逐一列举创意对象的特征，并进行联想，最终提出解决方案的方法。运用该方法时，首先要仔细分析研究对象，然后探讨能否进行改革或创新。要着手解决的问题越小，越容易获得创新的成功。特性列举法的操作步骤如下：

（1）对创新对象的特性进行列举，对象要具体、明确，列举要全面、详细。列举得越全面、详细，越容易找到可以创新和改进的方面。

（2）从名词特性、形容词特性和动词特性三个方面进行列举。名词特性是指对象的整体、部分、材质和制作方法等，形容词特性是指对象的形状、性质、颜色等，动词特性是指对象的效用和功能等。

（3）在上述各项目下尽量将各种可替代的属性进行置换，以便产生新的设想和方案。

（4）提出新的方案并进行讨论和评价，努力按照实际需要进行改进。

2. 缺点列举法

缺点列举法是指抓住事物的缺点进行分析，以确定发明目的的方法。缺点列举法的具体步骤如下：

（1）尽可能多地列举事物的缺点，必要时，可事先进行广泛调研，征集意见。

（2）将列举的缺点加以归类、整理。

（3）逐条分析所列出的缺点，研究其改进方案，或探讨能否将其缺点逆用，化弊为利。

 视野纵横

新型电话机的开发

自贝尔 1875 年发明第一部磁石电话机以来，随着社会的进步和科学技术的发展，世界各国竞相研制出各种新型电话机。从创新的观点看，这些新型电话机的开发，与人们对已有电话机的"吹毛求疵"的态度有关。人们在不断地列举已有电话机的缺点的过程中，激发出了创意。也就是说，新型电话机的开发是以已有电话机的缺点作为创造背景的。例如：

（1）移动电话机——克服了固定电话机不能移动的缺点。

（2）可视电话机——克服了一般电话无法看见通话者形象和活动的缺点。

（3）防窃听电话机——克服了一般电话能被第三者窃听谈话内容的缺点。

（4）声控电话机——用声音识别代替号码盘，克服了一般电话机需要拨号的缺点。

（5）自动应答电话机——克服了普通电话机不能将对方讲话内容记录下来，也不能帮助主人简单应答的缺点。

（6）灭菌电话机——克服了一般公用电话机的传话筒缺乏防止病毒传染性能的缺点。

3. 希望点列举法

希望点列举法是从人们的需求和愿望出发，提出构想，从而产生发明创造的方法。例如，人们希望像鸟一样飞上天，于是就发明了热气球、飞机；人们希望冬暖夏凉，就发明了空调设备；人们希望夜间上下楼梯时，路灯能自动亮、自动灭，于是就发明了声控开关。这些发明都是根据人们的需求和愿望创造出来的。

希望点列举法的具体步骤与缺点列举法基本相似，不再一一赘述。

4. 成对列举法

成对列举法是把任意选择的两个事项结合起来，成对列举其特征，或者对某一范围内的事物一一列举，依次成对组合，从而从中寻求创新设想的方法。成对列举法的具体实施步骤如下。

（1）列举。把某一范围内所能想到的所有事物依次列举出来。

（2）强迫联想。任意选择其中两项依次组合起来，想象这种组合的意义。

（3）对所有的组合进行分析、筛选。例如，要设计新式多功能家具，可以先列举各种家具及室内用具：床、箱子、桌子、沙发、书架、灯、柜子、衣架、镜子、花盆架、电视、音响等。然后，两两配对组合：床和沙发、灯和衣架、桌子和书架、床和箱子、床和灯、镜子和柜子、电视和花盆架、音响和台灯等。最后，对所有的组合方案进行分析，并将一些可行的方案落地实施，从而发明出新式多功能家具。

现实中，有些方案已经成为产品，如床和沙发组合成的沙发床、镜子和柜子组合成的带穿衣镜的柜子、床和箱子组合成的床底可兼做储物柜的组合床等。

探索与训练

一、思维训练——开动你的大脑

1. 逆向思维训练

（1）"哭笑娃娃"游戏。

游戏目的：在迅速反应中训练思维的逆向性和流畅性。

游戏玩法：一起玩"石头、剪刀、布"，但要求每局中赢的一方做"哭"的动作，输的一方做"笑"的动作，谁先做错谁就被淘汰。

（2）"反口令"游戏。

游戏目的：在迅速反应中训练思维的逆向性和敏捷性。

游戏玩法：2人一组，根据"口令"做相反的动作，如一方说"起立"，对方就要坐着不动；一方说"举左手"，对方就要举右手；一方说"向前走"，对方就要往后退……总而言之，双方要"反着来"。谁先做错就算谁输。

2. 发散思维训练

（1）请在5分钟内尽可能多地写出含有数字一至十的词汇，如"一心一意""五颜六色"等，然后与同学比一比，看谁写得最多且无误。

（2）绘制一张思维导图，尽可能多地列出冰块或肥皂的用途。

（3）绘制一张思维导图，尽可能多地列出"缓解上班高峰期电梯拥挤"的方法。

（4）写出4种"A能够影响B"的情况，如"书籍能够影响人的身心"。

（5）用"古怪""台风""一棵树""杂货店""天使"这5个关键词编故事，故事长短不限，关键词先后次序不限，但要求要用到所有的关键词，最后比一比谁的思维最发散，故事编得最好。

3. 集中思维训练

（1）下列两组词中，哪一个词语与同组的其他词语不同？

① 房屋　冰屋　平房　办公室　茅舍

② 沙丁鱼　鲸鱼　鳕鱼　鲨鱼　鳗鱼

（2）请分别为下面三组填上缺失的数字或字母。

① 2，5，8，11，＿＿＿

② 2，5，7

   4，7，5

   3，6，____

③ E，H，L，O，S，____

（3）假如你是一家钟表商店的经理，门前要挂两个大的钟表模型，你认为时针和分针摆在什么位置上最好？请先发散你的思维，设想尽可能多的方案，然后从中选出最佳方案。

（4）假设三个孩子中有一个人偷吃了苹果，一个人说了真话，请根据下列对话找出偷吃苹果的孩子，并说明理由。

小明："我向来守规矩，没有偷吃苹果。"

小兵："不，小明撒谎。"

小刚："小兵胡说。"

4．联想思维训练

（1）请分别列出下列各组中的事物之间存在的某种联系，越多越好。

① 桌子和椅子

② 人才市场和商品市场

③ 工厂和学校

（2）如果遇到交通堵塞，车辆排起了长龙，你会产生哪些联想？

（3）看到新生入学的场景，你会联想到哪些相近的事物？

（4）"举头望明月，低头思故乡"是诗人身处异乡触景生情、思念家乡的思维活动。请问，诗人运用了联想思维的哪些形式？

（5）木头和皮球是两个风马牛不相及的物品，但我们可以通过联想作媒介，使它们发生联系，如：木头—树林—田野—足球场—皮球。那么，请同学想一想：① 天空和茶有什么联系；② 钢笔和月亮有什么联系。

5．逻辑思维训练

请运用逻辑思维思考以下几个问题。

（1）在 8 个同样大小的杯子中，有 7 杯盛的是凉开水，1 杯盛的是白糖水。你能否只尝 3 次，就找出哪一杯是白糖水？

（2）假设有一个池塘，里面有取不尽的水。现在有 2 个空水壶，容积分别为 5 升和 6 升。请问，如何用这 2 个水壶从池塘里取得 3 升的水？

（3）一个人花 8 元钱买了一只鸡，9 元钱卖掉了。然后他觉得不划算，又花 10 元钱

把鸡买了回来，11 元卖给了另外一个人。请问，他赚了多少钱？

（4）假设烧掉 1 根不均匀的绳子要用时 1 个小时。请问，如何用它来判断半个小时的时间？

二、争做创意达人——我动手，我创新

◀ 活动目的 ▶

激发学生的创新实践兴趣，培养学生自主创新能力，鼓励学生结合学科和兴趣对废弃物品进行巧妙创造，变废为宝。

◀ 活动要求 ▶

利用身边的废旧物品进行创新，要求作品立意积极向上，有实用价值。

◀ 活动流程 ▶

（1）分组：每 3～5 人为一组，各组确定本组创意作品主题。

（2）制作：每个小组根据本组的创意搜集制作材料并着手制作作品。

（3）展示：各小组展示本组的作品并进行简单介绍。

三、头脑风暴——思维的碰撞可以创造奇迹

◀ 活动目的 ▶

（1）熟悉头脑风暴法的实施原则与实施步骤，学会用头脑风暴法解决问题。

（2）针对"如何提高工作效率"和"如何激励员工""如何增加公司的凝聚力"这三个问题，学生运用头脑风暴法激发思考，发表自己的看法。

◀ 活动流程 ▶

（1）分组，每 5～8 人一组，选出一个会议主持人和一个小组记录员。

（2）各小组围绕"如何增加公司的凝聚力"这一问题进行头脑风暴。小组成员可以畅所欲言，小组记录员要将本小组成员所提建议全部记录下来，小组会议主持人需时刻把控会议的进展情况。

（3）各小组派代表汇报结果。在规定时间内，看看哪个小组提出的设想最多。